beck'sche reihe

Dieses Buch bietet einen chronologischen Überblick über die Geschichte des Islams vom Propheten Muhammad und der Gründung der islamischen Staatsgemeinde bis zur Gegenwart. Es berücksichtigt religiöse, politische und kulturelle Schlüsseldaten und Wendepunkte in der gesamten islamischen Welt von Nordafrika über Europa, den Nahen Osten und Zentralasien bis nach Indonesien. Einleitende Überblicke orientieren knapp und allgemeinverständlich über die Grundzüge der wichtigsten Epochen. Alle Daten werden sowohl nach christlicher als auch nach islamischer Zeitrechnung angegeben. Eine Einführung in den islamischen Kalender sowie ein Register runden dieses nützliche Kompendium ab.

Gerhard Endreß ist Professor em. an der Ruhr-Universität Bochum. Zahlreiche Veröffentlichungen zur islamischen Geschichte und Philosophie. Bei C.H.Beck erschien «Der Islam. Eine Einführung in seine Geschichte» (3.Aufl. 1997).

Gerhard Endreß

Der Islam in Daten

Verlag C. H. Beck

Mit 6 Karten

Originalausgabe

Satz: Fotosatz Reinhard Amann, Aichstetten
Druck und Bindung: Druckerei C. H. Beck, Nördlingen
Umschlagentwurf: +malsy, Willich
Umschlagabbildungen: *oben:* «Der Gebetsrufer»,
indische Miniatur, 1502, National Museum, Delhi.
Photo: Roland & Sabrina Michaud/rapho;
unten: Muezzin auf dem Minarett
Shahi-i-Mardan (Afghanistan)
Printed in Germany
ISBN-10: 3 406 54096 1
ISBN-13: 978 3 406 54096 7

www.beck.de

Inhalt

Vorbemerkung

Das vorliegende kleine Nachschlagewerk bringt Daten der religiösen, politischen und kulturellen Geschichte des Islams und der vom Islam geprägten Länder und Völker von den Anfängen im 6. Jahrhundert bis zur Gegenwart. Das Hauptgewicht liegt auf den Ereignissen und Gestalten des Islams in Mittelalter und früher Neuzeit, und hier auf den alten Kernländern des Islams und seiner klassischen Kultur. Seit dem 20. Jahrhundert ist der Begriff der «islamischen Welt» weder geographisch noch politisch abzugrenzen. Gleichwohl wurden die wichtigsten Ereignisse und Wendepunkte aus der jüngsten Geschichte des Vorderen Orients, daneben auch Afrikas, Zentral-, Süd- und Südostasiens, einbezogen, insofern als sie auch die Geschichte der muslimischen Bevölkerung und die geistige Entwicklung des Islams, seiner Glaubenslehre und seiner Rechtsordnung betreffen.
Die Daten werden in Jahren nach der christlich-europäischen Zeitrechung und daneben (kursiv gesetzt) in Jahren nach dem islamischen Kalender angegeben. Die islamische Zeitrechnung, datiert in Jahren nach der Hijra (Emigration des Propheten Muhammad nach Medina), legt das Mondjahr zugrunde (dazu unten S. 13–18). Daher müssen für eine Jahresangabe nach diesem Kalender zuweilen zwei aufeinanderfolgende Jahre n. Chr. gegeben werden, wenn das Tagesdatum für die eindeutige Bestimmung nicht bekannt ist. Persönlichkeiten, Gelehrte und Literaten werden meist nur unter ihrem Todesdatum angeführt, weil Geburts- und andere Lebensdaten aus den mittelalterlichen Quellen nicht bekannt sind. Weil Tagesdaten in der älteren Zeit oftmals nicht oder nur anhand der Originalquellen zu ermitteln sind, wurde nur das Jahr der Ereignisse angegeben (dies aber auch für die Moderne, um den Umfang im vorgegebenen Rahmen zu halten). Daten der Kultur- und Literaturgeschichte sind kursiv gesetzt.

Die Umschrift der arabischen, persischen und türkischen Wörter und Namen ist im Hinblick auf leichtere Lesbarkeit gegenüber der wissenschaftlichen Transliteration vereinfacht und folgt dem aus Presse und Publizistik vertrauteren angelsächsischen und französischen Standard. Bei einer Reihe von Ortsnamen werden auch im Deutschen übliche Schreibweisen verwendet.

Zur Aussprache:

ch	wie tsch (z.B. in «Quatsch»); in moderner türkischer Orthographie «ç».
dh	stimmhafter interdentaler Reibelaut (wie th in engl. «there»).
gh	stimmhafter velarer Reibelaut ähnlich nicht-gerolltem Zäpfchen-r.
h	immer als konsonantischer Hauchlaut zu sprechen, nicht Dehnungszeichen.
j	wie dsch (stimmhaft, z.B. in «Dschungel», engl. «George») in moderner türkischer Orthographie «c».
kh	wie «hartes» ch im Deutschen (z.B. in «Bach»).
q	als kehliger, am hinteren Gaumen gebildeter k-Laut (nicht wie qu/kw).
sh	wie das deutsche sch (stimmlos, wie in «Schatz»).
th	stimmloser interdentaler Reibelaut (wie in engl. «three»).
y	wie das deutsche j.
z	stimmhaftes s (z.B. in «leise»).
zh	stimmhafter sch-Laut (wie s in engl. «pleasure»).
ʾ	fester Stimmabsatz (wie z.B. in beʾenden).
ʿ	stimmhafter Kehlpreßlaut (Pharyngal).
ï	«dumpfes» (palatales) i der Turksprachen, in moderner türkischer Orthographie «ı« (ohne Punkt).

Einige häufige Begriffe und die Mehrzahl der geographischen Namen (soweit in allgemeinen Lexika verzeichnet) werden in eingedeutschter Form gebracht.

An den verschiedenen Stadien der Datensammlung, deren Grundbestand zuerst im Rahmen meines Buches «Der Islam: eine Einführung in seine Geschichte» (Verlag C. H. Beck, 3. Auflage München 1997) erschien, haben in dankenswerter Sorgfalt Annegret Ellerichmann, Esther Peskes und – nun auch für die Verifizierung der Hijra-Daten – Gesche Johannknecht mitgearbeitet.

Einleitung

Zeit und Raum des Islams in der Geschichte

Die Geschichte des Islams hat einen Anfangspunkt in Zeit und Raum: Muhammad, der Kaufmann aus Mekka, empfängt – wohl um das Jahr 610 – Gottes Offenbarung, und er empfängt die Aufforderung, diese Botschaft, eine Botschaft «vollkommener Hingabe» (*islām*) an Gottes Verheißung und Gebot, öffentlich vorzutragen. Dieser «Vortrag» (*qur'ān*) ist das Offenbarungsbuch, der Koran: Wegweiser des Glaubens an den einen Gott, Allāh, und Konstitution der sozialen und politischen Ordnung islamischer Gemeinschaften bis heute.

Beginnend von diesem Ausgangspunkt aber umfassen die »Daten des Islams» einen immer größeren Raum. Zunächst hatten die gleichzeitig ablaufenden Prozesse der Landnahme, der Staatsbildung und der Verwaltungsorganisation einen inneren Zusammenhang. Doch mit der Expansion des Reiches wurde der Zugriff staatlicher Autorität und Machtausübung auf die Provinzen gelockert, führten endlich zentrifugale Tendenzen zur Lossagung lokaler Herrscher von der Zentralgewalt des Kalifats. Gleichwohl festigten sich die Netzwerke islamischer Lehre und Überlieferung und wahrten die Einheit der islamischen Gemeinde weithin auch dann noch, als die Staatsgemeinde zerbrach.

Die arabischen Eroberungen des ersten islamischen Jahrhunderts schufen in wenigen Jahrzehnten ein Großreich von nie gesehener Ausdehnung. Der Prophet selbst hatte zu seinen Lebzeiten die Arabische Halbinsel unter einer Pax Islamica geeint. Die bedrohliche Bewegung der Apostasie nach seinem Tode wurde von dem ersten Kalifen Abū Bakr nicht zuletzt durch den Ruf zum Krieg gegen die Ungläubigen – mit der Aussicht auf Beute im Diesseits und ewiges Heil im Jenseits – aufgefangen. Nicht nur die Stämme Arabiens, sondern auch die der syrischen und mesopotamischen Nachbarzonen wurden von der neuen Bewegung ergriffen und zogen im Namen Gottes gegen die militärisch wie politisch unvorbereiteten Imperien der Byzantiner und Sasaniden. Unter Abū Bakrs großem Nachfolger ʿUmar fiel Damaskus, fielen bald auch die weiteren Territorien des Byzantinischen Reiches in Syrien und Ägypten. Nach einer Reihe schwerer Niederlagen brach das Reich der Sasanidenkönige zusammen. Die Kalifen der Umaiyaden-Dynastie (ab 661), aus zwei Bürgerkriegen siegreich hervorgegangen, erneuerten die Politik der Expansion. Vom Irak aus zogen arabische Heere gegen Norden (bis Aserbaidschan) und Osten, von Ägypten aus gegen Westen, und gelangten schließlich im Jahre 711 nach Spanien, zugleich nach Transoxanien und Vorderindien.

Die Folgen der Islamisierung und das Ausmaß der Arabisierung waren von Region zu Region sehr unterschiedlich; ohnehin war die Islamisierung ein nur langsam fortschreitender Prozeß. Die Zentren und Kraftfelder der Machtausübung, zunächst von militärischen Notwendigkeiten bestimmt, verlagerten und vervielfachten sich unter dem Druck des politischen Wandels: des Übergangs vom Stammesverband zum zentralistisch geführten Staat, der Spannungen zwischen seßhafter, nomadischer und neu angesiedelter Bevölkerung wie auch zwischen arabischen und neubekehrten, nichtarabischen Muslimen. Allenthalben lassen sich die Bruchlinien des späteren Zerfalls schon im geographischen und geopolitischen Bauplan des entstehenden Reiches erkennen. So hat jede der klassischen Regionen des Islams ihr eigenes und eigentümliches Schicksal in der Geschichte: die Arabische Halbinsel; der Fruchtbare Halbmond: Ägypten, Syrien und die Jazīra, die «Insel» zwischen oberem Euphrat und Tigris; der islamische Westen (Magrib): Nordafrika und Spanien (al-Andalus); Irak und Iran mit den Provinzen im Osten: Chorasan, Chwarism am Oxus und Transoxanien, Sistan und Sind. Hinzu kamen nach dem Zerfall des Kalifenreiches weitere Bezirke: in Anatolien und Indien, in Südostasien und Innerafrika.

Die Diachronie der Daten läßt die Synchronie der Regionen um so weniger durchscheinen, als der Islam aus seinen klassischen Zentren in Vorderasien an die Grenzen der Alten Welt drang und bald über sie hinausgriff. Die arabischen Eroberungen der Umaiyadenzeit hatten die größte Ausdehnung des Reiches unter der zentralen Regierung des Kalifats abgesteckt. Die Schlacht von Tours und Poitiers gegen Karl Martell (732) markierte das Erlahmen der Expansion im Westen; der Zusammenstoß mit den Chinesen am Jaxartes (der muslimische Sieg von 751 am Talās konnte ihr Vordringen auf islamisches Gebiet verhindern) brachte die Expansion im Osten vorläufig zum Stillstand. Die Ausbreitung des Islams ging weiter; aber die weiteren Eroberungen waren nicht das Werk von Arabern; und sie waren das Werk von Dynastien, die dem Kalifen nicht mehr, oder nur noch nominell, dienstbar waren. Erst die türkischen Seldschuken beendeten den jahrhundertelangen Grenzkrieg gegen Byzanz im oberen Mesopotamien mit der Invasion Ostanatoliens; zweihundert Jahre nach dem Ende des Kalifats vollendeten die Osmanen ihr Werk mit der Vernichtung des oströmischen Reiches von Konstantinopel. Händler und Seefahrer aus dem Persischen Golf hatten seit der frühen ʿAbbāsidenzeit die Küsten des Indischen und des Pazifischen Ozeans bis nach China kolonisiert. Der Norden Indiens wurde schließlich von Afghanistan aus durch die Dynastien von Ghazna und Ghūr erobert. Vom 13. bis zum 15. Jahrhundert festigten und verbreiteten ihre Nachfolger, die Sultane von Delhi, die Herrschaft des Islams in Indien, und vom 16. bis zum 18. Jahrhundert führten die »Mogulkaiser» Machtentfaltung und Kultur des indischen Islams zu höchster Blüte. Von Indien (Gujarat) aus trugen Handel und religiöse Bewegungen den Islam nach Südostasien; und die dort islamisierten Herrscher schufen islamische Reiche in Indonesien und im malaiischen Archipel.

Auch in Ostafrika waren es seefahrende Händler, Araber und Perser aus dem Raum des Indischen Ozeans, die an den Küsten siedelten, sich mit der einheimischen Bevölkerung verbanden und in Somalia und auf Sansibar eine Reihe islamischer Kleinstaaten gründeten; die Bantusprache dieser «Küstenbewohner» (arab. *sawāhila*), das Suahili, wurde die Lingua franca Ostafrikas. Berberstämme verbreiteten den Islam südlich des Atlas über die Sahara hinaus bis zum Senegal. Seit dem 8. Jahrhundert wuchs die Zahl der Muslime in den Königreichen Westafrikas: in Ghana, unter islamischen Fürsten in Mali vom 13. bis 14. Jahrhundert; weiter östlich im Sudan im Reich der Songai von der Mitte des 14. Jahrhunderts bis zur marokkanischen Eroberung am Ende des 16. Jahrhunderts. Westafrikanische Hirtenstämme von den Fulbe vermittelten den Islam weiter nach dem zentralen Sudan. Gegen Ende des 18. Jahrhunderts wurden dort die Haussa bekehrt, und islamische Reformbewegungen prägten eine Reihe neuer Staatsgründungen zwischen Niger, Tschad und dem Sudan.

Je weiter wir uns von den alten Kernlanden des Islams entfernen, desto loser werden freilich die Beziehungen zu den Institutionen, den politischen Prozessen und der kulturellen Ausstrahlung der klassischen Zentren. In Ghana und Sansibar, in Indonesien und Vietnam haben wir es zwar noch mit der Geschichte des Islams, jedenfalls auch mit islamischer Geistes- und Kulturgeschichte zu tun. Aber

von islamischer Geschichte im umfassenden, an der politischen Realität orientierten Sinne kann man in bezug auf diese Außenbezirke nicht mehr sprechen. Aber durch Netzwerke der Lehrüberlieferung, der religiösen Erneuerung, ja auch der politischen Willensbildung sind sie mit den geistigen Zentren des Islams wie auch untereinander verbunden; daher lebten und leben die Muslime auch dort im Bewußtsein gemeinsamer Teilhabe an der *Umma Muhammadiya*, der vom Propheten gestifteten Staatsgemeinde.
Auch im zeitlichen Ablauf hat der Islam einen Anfangspunkt: Die Offenbarung ist der Wendepunkt der Heilsgeschichte. Das didaktische Konzept der alten Historiographie bezieht die geschichtliche Erfahrung auf Gottes Verheißung und Gebot. Geschichte wird zum Exempel zu Nutz und Frommen der Gläubigen, sie dient als Vorbild und Warnung – und sie bezieht das Zeitliche auf Überzeitliches; alles Historische ist nur ein Vorspiel. Sie kennt keine Periodisierung, nur einfache Schemata zur Gliederung des Materials: nach Jahren (Annalen), nach Regierungszeiten der Herrscher, in der biographischen Literatur auch nach «Klassen», d.h. Generationen der Lehrüberlieferung. Der moderne Historiker sucht die Geschehnisse einzelner Regionen zusammenhängend zu beschreiben, dabei auch die Beziehungen und Wechselwirkungen mit Nachbargebieten im Auge zu behalten und übergreifende Prozesse sichtbar zu machen; er sucht daher nach Gesichtspunkten der Gliederung, nach «Universalien» in der Fülle der Daten und Fakten. Wir haben darum unsere Datenübersicht in einige große Perioden eingeteilt und diesen je eine kurze Zusammenschau der prägenden Entwicklungen vorangestellt.
Mit dem Fortgang der islamischen Geschichte wird es immer schwieriger, Perioden der gesamten islamischen Welt durch markante Ereignisse oder aufgrund gemeinsamer Entwicklungen abzugrenzen. Der Westen (Spanien und Nordafrika) und der iranische Osten führten schon seit der Mitte des 9. Jahrhunderts – auch bei zunächst fortwährender, formaler Loyalität gegenüber dem Kalifen – wieder ein Eigenleben. Zu allen Zeiten gab es äußere Bewegungen und innere Vorgänge, welche weite Räume der islamischen Welt gemeinsam erfaßten, aber immer gab es auch Regionen, die nicht erreicht wurden. So sind die im 11. Jahrhundert einsetzenden Prozesse der Nomadisierung – im Osten durch die Invasion der Turkmenen, im Westen durch den Einfall der Hilāl-Beduinen in den Magrib ausgelöst – eindrucksvolle Parallelen, aber sie haben keine tiefere Beziehung zuein-

ander. Dagegen hat die gleichzeitige Hinwendung zu doktrinärem Traditionalismus im Westen und im Osten eine gemeinsame Voraussetzung: den Niedergang der religiösen Autorität des Kalifats und seiner Vasallen. Kein Zweifel auch, daß der Mongolensturm des 13. Jahrhunderts und die Expansion des Osmanischen Reiches im 15. und 16. Jahrhundert Vorgänge von umfassender Bedeutung und darum wahrhaft epochemachend sind. In der Moderne, und besonders eklatant in der Gegenwart, sind es Bewegungen der Reform, der Rückbesinnung auf die gemeinsamen Weisungen und Werte der Altvorderen (*Salaf*) und des Widerstands gegen Säkularisierung und Fremdbestimmung, die als einigende Momente des Islams erkennbar und politisch wirksam sind.

Datierung und Zeitrechnung der islamischen Geschichte

Daten des Islams werden im Mittelalter – und in einigen Bereichen des öffentlichen und privaten Lebens bis heute – nach dem islamischen Kalender in Jahren «nach der Hijra» datiert. Die Hijra ist die Auswanderung des Propheten Muhammad von Mekka, seiner Heimatstadt und dem Ort der ersten Verkündigung seiner Offenbarungsbotschaft, nach al-Madīna, «der Stadt» des Propheten. Nicht die erste Offenbarung – deren genauer Zeitpunkt nicht bekannt ist – ist also der Ausgangspunkt, die «Epoche» der islamischen Geschichte, sondern das Jahr, in dem der Prophet das erste Staatswesen unter dem offenbarten Gesetz (der Scharia) stiftete.

Über Umstände und Natur der Einführung dieser Zeitrechnung haben wir einen Bericht des Astronomen al-Bīrūnī aus seinem Buch über die Zeitrechnungen der Völker (verfaßt um das Jahr 1000):

«Die Datierung nach der Emigration (Hijra) des Propheten von Mekka nach Medina beruht auf Mondjahren, und zwar (wird der Monatsanfang bestimmt) aufgrund der Sichtbarkeit des Neumondes, nicht aufgrund einer (astronomischen) Berechnung. Alle Anhänger des Islams benutzen sie. Daß dieser Zeitpunkt (die Hijra) festgesetzt wurde (als Epoche des Kalenders) und nicht die Geburt, die Sendung oder der Tod des Propheten, kam so: Man legte ʿUmar ibn al-Khaṭṭāb [dem zweiten Kalifen, 634–44] – nach der Überlieferung von Maimūn ibn Mihrān [Steuereinnehmer in der Jazīra] – eine Zahlungsanweisung [über eine Besoldungszahlung] vor, welche auf den Monat Shaʿbān datiert war. Umar fragte: Welcher Shaʿbān, der laufende oder der nächste? Darauf versammelte er die Gefährten des Propheten und

fragte sie um Rat, wie man dieser plötzlichen Verlegenheit in der Frage der Zeitrechnung begegnen solle ...»
Nach anderen Zeugnissen gab eine Rückfrage des Gouverneurs von Kufa, Abū Mūsā al-Ashʿarī, an ʿUmar den Anstoß zu diesen Überlegungen. Die Verwendung älterer Ären – wie der seleukidischen oder der sasanidischen – wurde aus praktischen Gründen abgelehnt. Aber die Erfordernisse der Administration drängten zu einer Entscheidung: «ʿUmar hatte die Dīwāne [Register der Dotationsempfänger aus dem Eroberungsgut] aufgestellt, die Bodensteuern und andere Gesetze erlassen; er brauchte eine Datierung, aber er schätzte die älteren Methoden nicht. Darum sammelte er (Sachverständige) um sich und ließ sich beraten. Als der klarste, zweifelsfreiste und unbedenklichste Termin erwies sich das Datum der Hijra, die Ankunft (des Propheten) in Medina; dies war am Montag, dem 8. Rabīʿ I [20. September 622]; der erste des Jahres war ein Donnerstag [1. Muharram = 15. Juli 622], und dieser Tag wurde zur Epoche der Datierung gemacht. Das geschah im Jahre 17 nach der Hijra.» (al-Biruni, 973 – ca. 1050, *Chronologie orientalischer Völker,* hrsg. von C. Eduard Sachau, Leipzig 1878, S. 29–30)

Der islamische Kalender wurde, so entnehmen wir dem Bericht des Bīrūnī und anderen Quellen, im Jahre 638 n. Chr. eingeführt und blieb seither in allen islamischen Ländern die offizielle Zeitrechnung. Heute wird er vom gregorianischen Kalender des Westens im Wirtschaftsverkehr und auch im alltäglichen Gebrauch zusehends verdrängt, spielt jedoch als Grundlage des islamischen Festkalenders auch im öffentlichen Leben nach wie vor eine bedeutende Rolle.
Das islamische Jahr ist ein «Mondjahr»: Die astronomische Grundeinheit ist der synodische Monat, die Periode zwischen einem und dem nächstfolgenden Neulicht *(hilāl),* der ersten Sichtbarkeit des Mondes. Die mittelalterlichen Astronomen datierten allerdings den Monatsersten, und damit auch den Ärabeginn, auf den wahren Neumond (die Konjunktion zwischen Mond und Sonne, während derer der Mond noch unsichtbar ist), also auf den vorhergehenden Tag. Eine zweifelsfreie Umrechnung islamischer Daten auf unseren Kalender ist daher nur möglich, wenn der Wochentag bekannt ist. Der Historiker hat aber in den meisten Fällen die Rechnung nach dem Neulicht vorauszusetzen. Zu beachten ist auch, daß der Kalendertag in der mittelalterlichen Praxis mit dem Sonnenuntergang beginnt und bei Sonnenuntergang des folgenden Tages endet.
Die genaue Länge des Mondjahres aus zwölf synodischen Monaten beträgt 29,5306 × 12 = 354,367 Tage. Weder der Monat noch das

Jahr ist also ein ganzzahliges Vielfaches der Tageseinheit. Zum Ausgleich läßt man Monate von 30 und 29 Tagen miteinander abwechseln und fügt in einem Zyklus von 30 Jahren elfmal (nämlich am Ende des 2., 5., 7., 10., 13., 16. [oder auch 15.], 18., 21., 24., 26. und 29. Jahres) einen Schalttag (*yaum kabs)* hinzu.
Die Monate des islamische Jahres sind die folgenden:

al-Muharram	(30 Tage)
Safar	(29 Tage)
Rabīʿ I	(30 Tage)
Rabīʿ II	(29 Tage)
Jumādā I	(30 Tage)
Jumādā II	(29 Tage)
Rajab	(30 Tage)
Shaʿbān	(29 Tage)
Ramadān	(30 Tage)
Shauwāl	(29 Tage)
Dhū-l-Qaʿda	(30 Tage)
Dhū-l-Hijja	(29, in Schaltjahren 30 Tage)

Der letzte Monat des Jahres ist der Monat der Pilgerfahrt *(hajj)* nach Mekka; der 10. Dhū-l-Hijja, das Opferfest der Mekkapilger, ist der höchste islamische Feiertag *(ʿīd al-adhā,* auch *al-ʿīd al-kabīr,* türk. *büyük bayram* «das große Fest»). Der zweite kanonische Feiertag ist das Fest des Fastenbrechens *(ʿīd al-fitr,* auch *al-ʿīd as-saghīr* «das kleine Fest», türk. *küçük bayram, şeker bayrami)* am 1. Shauwāl, mit dem das Fasten des Monats Ramadān zum Ende kommt – ein besonders freudiger Anlaß. Ein volkstümliches Fest, erst im Laufe des Mittelalters lokal aufgekommen und ausgestaltet, ist auch der Geburtstag des Propheten *(maulid an-nabī)* am 12. Rabīʿ I.
Das Ausgangsdatum, die «Epoche», der islamischen Ära ist der 1. Muharram des Jahres, in welchem Muhammad mit seinen Anhängern von Mekka nach Medina emigrierte. Dieser Tag wird in astronomischer Chronologie auf den 15. Juli 622 A. D., sonst auch auf den 16. Juli berechnet. Wegen einer geringfügigen Verschiebung der wahren Mondphasen gegenüber dem Mondkalender nach der Epoche 15. Juli setzte sich später in der osmanischen Periode allgemein die Rechnung nach der Epoche 16. Juli durch. In Zweifelsfällen kann auch hier nur die Angabe des Wochentages den Ausschlag

geben. Die Hijra, die Emigration selbst, kam am 21. September 622 mit der Ankunft des Propheten in Medina zum Abschluß. In Medina wurde das erste islamische Gemeinwesen errichtet, wurde die Rechts- und Staatsordnung begründet; hier wurden auch neue Weisungen für die Zeitrechnung gegeben: «Gott ist es, der die Sonne zur Helligkeit (am Tag) und den Mond zu Licht (bei Nacht) gemacht und Stationen für ihn bestimmt hat, damit ihr über die Zahl der Jahre und die Berechnung (der Zeit) Bescheid wißt» (Koran, Sure 10, Vers 5). Im vorislamischen Arabien wurde – wie bei allen semitischen Völkern des Alten Orients – ein Lunisolarkalender benutzt: ein Mondkalender, der in gewissen Abständen durch Einschaltung eines ganzen Monats an den Kalender des Sonnenjahres angepaßt wurde. Das Verbot der Interkalation des Schaltmonats, des *nasīʾ*, im Koran (Sure 9, Vers 37) hatte wohl vor allem religionspolitische Gründe. Die alte Praxis war mit dem Fest- und Marktkalender des altarabischen Heidentums verbunden; überdies war die Regulierung ein Privileg bestimmter Familien. Für die Bestimmung länger zurückliegender Daten orientierte man sich vor dem Islam an denkwürdigen Ereignissen. So soll Muhammad im «Jahr des Elefanten» geboren sein, dem Jahr, in dem der abessinische Gouverneur von Jemen mit einem Heer, das auch afrikanische Elefanten mitführte, gegen Mekka zog. Es wird auf das Jahr 570 n. Chr. berechnet, aber eine genaue Kalenderüberlieferung fehlt ebenso wie überhaupt jede schriftliche Geschichtstradition. Demgegenüber war die Hijra nicht nur ein markantes, sondern das erste genau bestimmbare Datum des Islams. Die Hijra bot sich daher als Anhaltspunkt der Epoche an; schon deshalb, weil seither der Prophet das unumstrittene politische Oberhaupt der Gemeinde geworden war. Auch die alten Ären des Orients datierten vom Regierungsantritt der Dynastie oder – in Iran – jedes einzelnen Herrschers. Eingeführt wurde die Hijra-Ära jedoch erst, wie oben gesagt, unter dem Kalifen ʿUmar (634–44); das von al-Bīrūnī und anderen angegebene Datum (17. n. d. H. = 638 n. Chr.) wird durch eine in Damaskus geprägte Münze desselben Jahres bestätigt. Die Regierung des wachsenden Reiches verlangte nach einer einheitlichen Datierung von Erlassen, Urkunden und Münzen; zunächst hatten sich die arabischen Eroberer nicht nur des Verwaltungsapparates und des Steuer- und Münzwesens der gewonnenen Länder, sondern auch der lokalen Kalenderären bedient. Jene Ären rechneten sämtlich nach Sonnenjahren und wurden zur prakti-

schen Orientierung wie auch zur Erhaltung der Kontinuität noch für einige Jahrzehnte neben der neuen Ära benutzt. Die Reformen des Umaiyadenkalifen ʿAbdalmalik (685–705) führten zur Vereinheitlichung, Arabisierung und Islamisierung der Administration und verhalfen auch dem islamischen Kalender bald zu allgemeiner Geltung.
Zu den anfangs konkurrierenden Ären gehörten die Yazdgird-Ära in Iran (nach der Thronbesteigung des letzten Sasanidenkönigs Yazdgird III., 632 n. Chr.); die seleukidische Ära, arab. auch «Alexander-Ära» (beginnend mit dem 1. Oktober 312 v. Chr.) im hellenistischen Vorderen Orient; vor allem in Ägypten die diokletianische Ära (nach dem Regierungsantritt Diokletians am 29. August 284 n. Chr.). Die hellenistische Zeitrechnung blieb bei den Christen der islamischen Welt für den Kalender des Kirchenjahres und im internen Verkehr der Minderheiten weiter im Gebrauch: Die Kopten rechneten nach der diokletianischen Ära (wegen der Christenverfolgung Diokletians auch «Märtyrerära» genannt), und im übrigen Vorderen Orient erhielt sich mit dem seleukidischen Kalender das dort verwendete julianische Jahr (und damit auch die aramäischen Monatsnamen, die bis heute im arabischen Sprachgebrauch die Monate des Sonnenjahres bezeichnen).
Das Jahr des Mondkalenders ist mit 354,367 Tagen gegenüber dem tropischen oder Sonnenjahr mit 365,2422 mittleren Sonnentagen um 10,875 Tage kürzer. Der Beginn des islamischen Jahres verschiebt sich also gegenüber dem des Solarkalenders jährlich um etwa 11 Tage nach rückwärts und fällt nach 33 Jahren wieder auf etwa dasselbe solare Datum, d. h. 33 Mondjahre entsprechen etwa 32 Sonnenjahren. Für eine grobe Umrechnung von Jahren nach der Hijra (H) in Jahre nach Christi Geburt (C) ergeben sich daraus und aus dem Ärabeginn die Näherungsgleichungen:

$$H \times 32/33 + 622 \cong C \qquad (C - 622) \times 32/33 \cong H$$

Bei Überschlagsrechnungen ist zu beachten, daß die Differenz für 100 Mondjahre etwa 3 Sonnenjahre ausmacht, z. B.: 1400 H. ≅ 1400 – (3 × 14) + 622 ≅ 1980 n. Chr. Genaue Rechnung ergibt, daß das Jahr 1400 des islamischen Kalenders bereits am 21. November 1979 begann und am 8. November 1980 endete; es fiel also, wie die weitaus meisten Hijra-Jahre, auf zwei aufeinanderfolgende Jahre unserer Zeitrechnung. Für genaue Konversionen wurden Tabellen berechnet, welche die bequeme Bestimmung jedes Datums und sei-

nes Wochentages ermöglichen. Die bei uns bekanntesten und zuverlässigsten sind die «Vergleichungstabellen» von F. Wüstenfeld und E. Mahler, denen in ihrer neuesten Bearbeitung auch Tabellen anderer orientalischer Ären beigegeben sind. Historische Daten werden meist in der Form angegeben, daß man neben das Hijra-Jahr, durch einen Schrägstrich getrennt, das entsprechende Jahr (oder die beiden Jahre) nach Christi Geburt stellt (z. B. 132/749–50).
Die laufende Verschiebung des Mondkalenders gegenüber den Jahreszeiten des Sonnenjahres machte ihn für Wirtschaft und Verwaltung denkbar ungeeignet – so mußten die Termine für die Ernteabgaben aus der Bodensteuer laufend neu bestimmt werden. Schon im Mittelalter gab es daher verschiedentlich Ansätze (erstmals im 4./10. Jahrhundert) zu einer Kalenderreform. Auch die Seleukiden-Ära blieb aus diesem Grunde in Gebrauch, ebenso der persische Solarkalender in Iran, der durch den Seldschuken Malik-Shāh (sog. Jalālī-Ära ab 1079) neu geregelt wurde. Im Osmanischen Reich wurde seit 1677 n. Chr., offiziell ab 1789, für die Steuererhebungen ein sog. Finanzjahr (Mālīye-Jahr) eingeführt, das am 1. März begann, im übrigen mit dem julianischen Kalender übereinstimmte. Die Zählung folgte derjenigen des Mondkalenders nach der Hijra (nach dem islamischen Jahr, in das der 1. März fiel) und übersprang zum Ausgleich jedes 33. Jahr in der numerischen Folge.
Während die Türkei am 1. März 1917 den gregorianischen Kalender einführte, griff Riḍā (Reza) Shāh Pahlawī in Iran seit 1925 auf das alte persische Sonnenjahr mit Beginn am Frühlingsäquinoktium (Naurūz, 21. März) zurück. Die Rechnung des neupersischen Kalenders ist dem gregorianischen angepaßt; die Zählung beginnt jedoch mit dem Jahr der Hijra. Die Konversion dieser «Sonnen-Hijra-Jahre» *(hijrī shamsī*, H. Sh.) in Jahre n. Chr. ist einfach: HSh + 621 = C (für Daten zwischen 21.3. und 31.12.); HS + 622 = C (1.1. bis 20.3.).

Das zuverlässigste Hilfsmittel zur Umrechung islamischer Daten nach der Hijra und einiger anderer Ären in die europäische Zeitrechnung sind die von Ferdinand Wüstenfeld begründeten Vergleichungstabellen: Wüstenfeld-Mahler'sche Vergleichungs-Tabellen zur muslimischen und iranischen Zeitrechnung. Unter Mitarbeit von Joachim Mayr bearbeitet von Bertold Spuler. Wiesbaden 1961. Bequemer zu handhaben sind die elektronischen Umrechungsverfahren, die heute auf verschiedenen Internetportalen zur Verfügung stehen.

Für die Zusammenstellung der Daten wurden Einzel- und Gesamtdarstellungen der islamischen Geschichte sowie einige Nachschlagewerke und Datensammlungen benutzt. Die folgenden sind als Hilfsmittel zur genaueren Orientierung besonders nützlich:

Bosworth, Clifford Edmund: The new Islamic dynasties. A chronological and genealogical manual. Edinburgh: Edinburgh University Press, 1996.

The Cambridge History of Islam. Vol. 1: The central Islamic lands. Vol. 2: The further Islamic lands. Islamic society and civilization. Ed. by P.M. Holt, Ann K. S. Lambton, Bernard Lewis. Cambridge: Cambridge University Press, 1970.

Duri, Abdalaziz: Arabische Wirtschaftsgeschichte. Aus dem Arabischen übers. von Jürgen Jacobi. Zürich und München: Artemis, 1979.

The Encyclopaedia of Islam. New edition. 12 Bände. Leiden 1954–2004.

Ende, Werner; Steinbach, Udo (Hrsg.): Der Islam in der Gegenwart. 5., neubearbeitete Aufl. München: Beck, 2005.

Garcin, Jean-Claude (ed., a. o.): États, sociétés et cultures du monde musulman médiéval, Xe–XVe siècle. 3 vols. Paris: Presses Universitaires de France, 1995–2002.

Der Große Ploetz. Die Datenenzyklopädie der Weltgeschichte. Daten, Fakten, Zusammenhänge, begründet von Carl Ploetz. Bearbeitet von 80 Fachwissenschaftlern [für die islamisch-arabische Welt von Bertold Spuler, für die Zeit ab 1945 von Friedemann Büttner]. 34. Aufl. Köln: Sybex, 2005.

Haarmann, Ulrich (Hrsg.): Geschichte der arabischen Welt. 5. Auflage, hrsg. von Heinz Halm. München: C.H. Beck, 2004.

Hodgson, Marshall Goodwin Simms: The venture of Islam. Conscience and history in a world civilization. 3 Bände. Chicago and London: Chicago University Press, 1974.

Hourani, Albert: Die Geschichte der arabischen Völker. 5. Aufl. Frankfurt a.M.: Fischer, 1992.

Inalcik, Halil: The Ottoman Empire. The classical age, 1300–1600. Transl. by Norman Itzkowitz and Colin Lumber. London: Weidenfeld and Nicholson, 1973.

Der Islam. Band 1: Vom Ursprung bis zu den Anfängen des Osmanenreiches. Hrsg. und verf. von Claude Cahen. Band 2: Die islamischen Reiche nach dem Fall von Konstantinopel. Hrsg. von G.E. von Grunebaum. Frankfurt a.M.: Fischer, 1968–71. (Fischer Weltgeschichte, Bd. 14–15.)

Kennedy, Hugh: The Prophet and the age of the Caliphates. London, New York: Longman, 1986. (A history of the Near East, ed. P. M. Holt.)

Kissling, Hans Joachim: Die islamischen Länder am Mittelmeer und im Nahen Osten. In: Abriß der Geschichte außereuropäischer Kulturen. Bd. 1.

München: Oldenbourg, 1961. (Oldenbourgs Abriß der Weltgeschichte.) Teil II, S. 35–83 (dazu Karten und Register, S. 84–110).
Krämer, Gudrun: Geschichte des Islam. München: C.H. Beck, 2005.
Shaw, Stanford Jay; Shaw, Ezel Kural: History of the Ottoman Empire and modern Turkey. 2 Bände. Cambridge [usw.]: Cambridge University Press, 1976–77.
Schulze, Reinhard: Geschichte der islamischen Welt im 20. Jahrhundert. 2., durchgesehene Aufl. München: C.H. Beck, 2003.

Arabien vor dem Islam

Im Bereich der Arabischen Halbinsel gehören das «Glückliche Arabien» des Südens und die Randstaaten Syriens und Mesopotamiens zur Sphäre der griechischen und der iranischen Hochkulturen. Der politische Verfall der antiken Großmächte leitet tiefgreifende Umwälzungen der gesamten Region ein. Etwa seit dem 2. Jahrhundert n. Chr. breitet sich auf der Halbinsel mit dem Niedergang der Randstaaten und dem Verfall der südarabischen Kultur der arabische Kamelnomadismus weiter aus. Das Beduinentum dringt in altes Siedlungsland vor; der Gebrauch der Schrift geht zurück. Es bildet sich die Gesellschaft, mit der sich die koranische Verkündigung auseinandersetzt, deren Ethik und Recht das Substrat der islamischen Ordnung werden, aus der schließlich die Triebkräfte der islamischen Expansion über Arabien hinaus erwachsen.
Seit dem 4. Jahrhundert n. Chr. gerät Arabien ins Vorfeld der Kriege zwischen Byzanz und dem sasanidischen Persien. In der Interessensphäre der Pufferstaaten des 6. Jahrhunderts – des Königtums der Lakhmiden im Irak, der Phylarchie der Ghassāniden im syrischen Raum, des Jemen unter abessinischer Herrschaft – gelegen, wird auch die Handelsstadt Mekka vom politischen Spiel der beiden Großmächte berührt.
Das vorislamische Heiligtum von Mekka, seine wirtschaftliche Bedeutung, der Aufschwung des Handels (Weihrauchstraße) und der Aufstieg einer städtischen Gesellschaft aus dem beduinischen Milieu stehen im Hintergrund der sozialen Konflikte, deren Lösung die koranische Verkündigung sucht.

seit dem 3. Jh. *Frühe Zeugnisse der arabischen Sprache begegnen in Inschriften Arabiens und Syriens in nabatäischer Schrift und in der aus ihr entwickelten arabischen Schrift.*

4.–6. Jh. Arabien steht im Vorfeld der Kriege zwischen Rom/Byzanz und Persien und der von ihnen gelenkten Auseinandersetzung zwischen Abessinien und Südarabien. Arabische «Pufferstaaten»:

Ende 3. Jh. – 602 Die Lakhmiden von al-Hīra, Vasallen der Sasaniden im Irak.

502–614 Die Ghassāniden, Phylarchen der Byzantiner an der syrischen Grenze.

6.–7. Jh. Beduinisierung und wirtschaftlicher Zusammenbruch Südarabiens. Byzanz und Persien versuchen, über Abessinien und Südarabien die

Arabische Halbinsel und den Transithandel unter ihre Kontrolle zu bringen. Aufschwung des Handels von Mekka. Aufstieg der kaufmännischen Aristokratie des Stammes Quraish.

bis 528 Al-Hārith ibn ʿAmr (Arethas) ist König der Kinda auf dem Höhepunkt ihrer Macht in Nordarabien.

525 Tod des jüdischen Königs Dhū Nuwās von Jemen; Südarabien wird abessinische Kolonie.

503–554 Der Lakhmide al-Mundhir ibn an-Nuʿmān von al-Hīra.

529–569 Der Ghassānide al-Hārith IV. ibn Jabala, Patricius und Phylarch der Araber.

570 (?) Der dritte Bruch des Staudammes von Ma'rib markiert das Ende der altsüdarabischen Hochkultur. Der abessinische Gouverneur von Jemen, Abraha, führt einen mißglückten Angriff gegen Mekka («Jahr des Elefanten»), gerichtet gegen die Autorität und Wirtschaftsmacht des Heiligtums. Muhammad aus dem Stamm der Quraish wird in Mekka geboren. Der Jemen wird sasanidische Provinz (ab 598 unter persischen Satrapen).

602 Ende der Lakhmiden von Hīra.

610 (?) Arabische Stämme besiegen ein arabisch-persisches Heer bei Dhū Qār im Irak.

Muhammad: Prophetie und Staatsgründung (ca. 610–632)

Das Wirken des Propheten des Islams in Mekka und Medina begründet Religion, Recht und Staat des Islams. Mit der Verkündigung vom allmächtigen, gütigen und richtenden Schöpfergott, gegeben in arabischer Sprache, stiftet er den arabischen Monotheismus – Weltbild, Wertsystem und Gesellschaftsordnung – und die arabische Nation. Über die Solidarität einzelner Stämme setzt er die Solidarität der Gemeinde (*umma*), die aus der Verpflichtung des einzelnen gegen Gott ihre Sanktion erhält, und gibt damit die Neuorientierung einer Gesellschaft im Übergang. Die Verkündigung vor allem der medinensischen Periode (nach der Hijra, Emigration, von 622) legt den Grund der Rechts- und Staatsordnung des kommenden Reiches. Mit der Unterwerfung der arabischen Stämme in seinen letzten Lebensjahren schafft er die militärische und – durch die Bekehrung zur Glaubensgemeinschaft des Islams – die geistige Basis der nach seinem Tode beginnenden Expansion.

610 (?) Muhammad erfährt die erste Offenbarung und tritt in Mekka als Prophet des Islams auf. Verkündigung des Korans.

613 (?) Beginn der öffentlichen Predigt.

615 (?) Eine Gruppe von Muslimen emigriert nach Abessinien.

616–619 Der führende Stammesverband von Mekka, die Quraish, betreibt einen Boykott gegen den Clan Muhammads (die Banū Hāshim).

619 #?? Angehörige der Stämme Aus und Khazraj von Yathrib (Medina) bekehren sich zum Islam und verhandeln mit Muhammad mit dem Ziel, ihn zum Führer ihres von Fehden zerrütteten Stammesverbandes zu erheben.

622 / *1* Die Hijra: Emigration Muhammads und seiner Anhänger nach Yathrib (nun: Al-Madīnat al-Nabī, al-Madīna «die Stadt des Propheten»). Begründung des ersten islamischen Gemeinwesens; soziale und wirtschaftliche Reformen. Der 1. Muharram des Jahres der Hijra wird Ausgangsdatum der islamischen Zeitrechnung.

624 / *2* Expedition von Badr: Sieg der Muslime über die Quraish.

625 / *3* Muhammad unterliegt den Mekkanern am Berge Uhud. Der jüdische Stamm der Banū-n-Nadīr wird aus Medina vertrieben.

626 / *5* Muhammad führt eine Expedition nach Dūmat al-Jandal gegen Stämme im syrischen Grenzgebiet.

627 / *5* Die Quraish von Mekka belagern vergeblich Medina (genannt der «Grabenkrieg», al-Khandaq, weil die Belagerung durch Ausheben eines Grabens vereitelt wird). Der jüdische Stamm der Banū Qurayza wird vernichtet.

627 / *6* Die Muslime unterwerfen den arabischen Stamm der Kalb bei Dūmat al-Jandal.

628 / *6* Der Vertrag von Hudaibīya öffnet den Muslimen den Zutritt zum Heiligtum von Mekka (erste Pilgerfahrt 629). Eroberung der jüdischen Oase Khaibar. Erfolglose Expedition gegen byzantinisches Gebiet (Mu'ta).

630/8 Muhammad führt die Muslime zur kampflosen Eroberung von Mekka.

630–632/9–11 Die Schlacht von Hunain, die Belagerung von at-Tā'if und der Feldzug gegen Tabūk – Basis der Ghassāniden, Vasallen von Byzanz – und weitere Feldzüge vollenden die Unterwerfung der Stämme der Arabischen Halbinsel.

632/11 Abschiedswallfahrt und Tod des Propheten Muhammad.

Das Kalifat bis zum Ende der Umaiyaden (632–750)

Im ersten Jahrhundert nach dem Tode Muhammads erobern die zum Islam bekehrten Stämme Arabiens ein Großreich vom Atlantik bis zum Indus. Die Institutionen des islamischen Staates werden ausgebildet. Im Medium der arabischen Literatursprache schaffen die Muslime die Grundlagen der klassischen islamischen Kultur.

Die Entstehung des arabischen Reiches

Nach dem Tod des Propheten herrschen in seiner Stadt Medina als seine «Stellvertreter», Kalifen, Männer vom Stamme der Quraish, die noch zu seinen Gefährten gehört haben. In den Augen der Mehrheit der Muslime gelten die ersten vier Kalifen als rechtgläubige und vom Konsens der Gemeinde legitimierte Bewahrer seiner Theokratie.
Abū Bakr (632–34) und ʿUmar (634–44) solidarisieren die arabischen Stämme durch erfolgreiche Eroberungszüge, konsolidieren damit den Islam und bereiten seinen Weg zur Weltreligion. Die arabischen Eroberer gewinnen in drei Jahrzehnten das Sasanidische Reich (Irak, Iran) und die byzantinischen Domänen in Syrien, Ägypten und Mesopotamien. Die «Stadt des Propheten», Medina, ist das politische Zentrum des Reiches; die Garnisonen der Eroberungsheere werden Provinzzentren. Basis der provinzialen Administration bleiben die indigenen Verwaltungsapparate und die bestehende Organisation des Grundbesitzes und der Besteuerung.
Die Verteilung des Grundbesitzes und der Beute aus den Eroberungen begründet soziale Spannungen. Mißbrauch und wirtschaftliche Ausbeutung der Staatspfründen durch ʿUthmān (644–56) führen zur Auflehnung der Stämme. Nach dessen Ermordung beginnt ein Bürgerkrieg zwischen seinem Nachfolger ʿAlī (656–660), Vetter und Schwiegersohn des Propheten, und den Quraish um Talha, Zubair und ʿĀ'isha. Aber den Sieg über ʿAlī erringt

endlich Muʿāwiya, das Oberhaupt der Familie ʿUthmāns. Er setzt die säkular-pragmatische Auffassung des islamischen Staates durch und beseitigt das Prinzip der Wahl des Kalifen unter allen Clans der Quraish zugunsten seiner Familie: der Umaiyaden. In der Opposition bleiben die Partei (*shīʿa*) ʿAlīs, die für die Rechte seiner leiblichen Nachfolger, Abkommen des Propheten, kämpft – die Schia –, sowie die »Sezessions»-Stämme, die ihre Ansprüche als Anklage gegen den Verrat an der Theokratie formulieren (Khārijiten, arab. Khawārij).

632–34 / *11–13* Abū Bakr, der erste Kalif (*khalīfa*, ‹Nachfolger› des Propheten), stellt gegen die Abtrünnigkeit der Stämme die Autorität der islamischen Regierung in ganz Arabien wieder her und sendet arabische Eroberungsheere nach Mesopotamien und Syrien.

633 / *12* Eroberung von Südmesopotamien.

634 / *13* Sieg bei Ajnādain (Palästina) über die Byzantiner.

634–44 / *13–23* Unter dem Kalifen ʿUmar ibn al-Khattāb unterwerfen die Muslime Ägypten, Palästina, Syrien, Mesopotamien und Persien. Militärische Niederlassungen und Anfänge islamischer Staats- und Finanzorganisation in den eroberten Ländern.

635 / *14* Damaskus ergibt sich den Muslimen.

636 / *15* Schlacht am Yarmūk: Die Niederlage einer starken byzantinischen Armee gibt Syrien in die Hand der Muslime. Endgültige Besetzung von Damaskus.

636 (?) / *15–16* Die Araber unter Saʿd ibn Abī Waqqās überwältigen in der Schlacht von Qādisīya (bei Hīra) eine sasanidische Armee, gewinnen den Irak westlich des Tigris und durch den Sieg bei Jalūlā die Hauptstadt Seleukia/Ktesiphon.

638 / *16* Beim Konzil von Jābiya (Syrien) berät ʿUmar mit den Prophetengenossen über Verteilung und Verwaltung der erbeuteten Besitztümer.

um 640 Daraufhin erfolgt die Einrichtung des *Dīwān* (Heereslisten, Grundlage der Dotationen an die Erobererstämme). Jerusalem wird erobert. Die Garnisonsstädte Basra (gegr. 635) und Kufa werden Zentren der Militärverwaltung des Irak und Ausgangspunkt der weiteren Eroberungszüge nach Osten und Norden.

639–42 / *18–21* Eroberung Ägyptens (642 Einnahme von Alexandria) durch ʿAmr ibn al-ʿĀs.

640 / *19* Einnahme des Seehafens Caesarea in Palästina; Ende der byzantinischen Präsenz in Syrien.

640–642 / *20–21* Eroberung von Persien (640 Khūzistān). Die Entscheidungsschlacht von Nihāwand im Zagros, Ende 639/18 oder Anfang 640/19, entscheidet über das Schicksal des iranischen Hochlands.

641 / *20* Eroberung von Mosul (Obermesopotamien) und von Babylon in Ägypten (arabische Garnison Fustat, beim späteren Kairo).

642 / *21* Eroberung von Alexandria. Feldzug nach Barqa (Tripolitanien, 642–643).

643 / *22* Kampagnen nach der Küste von Makran und nach Südost-Iran.

644 / *23* Ermordung des Kalifen ʿUmar.

644–56 / *23–35* Kalifat ʿUthmāns. Fortsetzung der Eroberungen in Nord- und Ostiran und Nordafrika; innere Konflikte des islamischen Staates um Führungs- und Besitzprivilegien.

ab 645 / *25* Anfänge der arabische Seemacht, gerichtet gegen Byzanz.

645–646 / *25* Alexandria wird von den Byzantinern zurückerobert, dann von den Muslimen erneut eingenommen.

647 / *27* Eroberung von Tripolitanien. Erste arabische Feldzüge in Nordafrika.

649 / *28* Beginn des Seekriegs gegen Byzanz und Eroberung Zyperns.

649–50 / *28–29* Eroberung von Persepolis, Hauptstadt der Persis (Fars) und Zentrum des Zoroastrismus.

651 / *31* Yazdgird III., der letzte Sasanide, wird auf dem Rückzug in Chorasan (Khurāsān) ermordet.

652 / *32* Unterwerfung von Armenien. Die byzantinische Flotte wird vor Alexandria zurückgeschlagen. Angriff auf sizilianische Häfen.

um 653/*33* ʿUthmān nimmt eine offizielle Redaktion des Korantextes vor. Vertragsschluß mit Nubien.

655/*34* Eine muslimische Seemacht vernichtet die byzantinische Flotte vor Kleinasien.

656/*35* Ermordung des Kalifen ʿUthmān, veranlaßt durch Protestbewegung gegen seine Personal- und Finanzpolitik.

656–61/*35–40* Kalifat des ʿAlī, Vetter und Schwiegersohn des Propheten; Regierungssitz in Kufa. Bürgerkrieg zwischen der Partei (Schia) Alīs und seinen Gegenspielern von den Quraish.

656/*36* ʿAlī siegt in der «Kamelschlacht» bei Basra über politische Gegner (Talha, Zubair, ʿĀʾisha).

657/*37* Schlacht von Siffīn zwischen ʿAlī und Muʿāwiya.

658/*38* Das Schiedsgericht von ʿAdhruh zwischen ʿAlī und Muʿāwiya verweigert ʿAlī die Legitimation im Kalifenamt. Die syrischen Truppen huldigen Muʿāwiya. Der Protest im Lager ʿAlīs gegen das Schiedsgericht führt zum «Auszug» der Opponenten aus Kūfa: Die Partei der Khārijiten (Khawārij), von ʿAlī bei Nahrawān geschlagen, bleibt unter arabischen Beduinen und Siedlerstämmen verbreitet. Soziale Spannungen im Irak bringen wachsende Gefahren für die Autorität des Kalifats.

661/*41* ʿAlī wird durch einen der Khārijiten ermordet; sein Sohn Hasan verzichtet auf das Kalifat. Beginn der Herrschaft der arabischen Umaiyaden-Dynastie (bis 750).

Das Kalifat der Umaiyaden (661–750)

Unter der Umaiyaden-Dynastie verlagern sich die Zentren der Macht nach den alten Kulturländern des Vorderen Orients. Durch ihren ersten Kalifen Muʿāwiya (661–80) wird für nahezu ein Jahrhundert Syrien (Damaskus) die politische Zentrale des Reiches. Hort der schiitischen Opposition ist schon seit ʿAlī Kufa im Irak.

Die Restaurationsbewegung der mekkanischen Aristokratie (683 Gegenkalifat des ʿAbdallāh ibn az-Zubair) und die anarchischen Kräfte des Beduinentums führen zum zweiten Bürgerkrieg (683–92), der von Seuchen und Wirtschaftskatastrophen begleitet wird. Gestützt auf die in Syrien angesiedelten Stämme rettet ʿAbdalmalik (685–705) die Einheit des Reiches. Der Preis ist

ein Kompromiß zwischen dem religiösen Ideal des «gerechten» Gemeinwesens und dem säkularen Verständnis der Einheit. Aber dieser Kompromiß ermöglicht den Aufstieg der Botschaft des arabischen Propheten zur Weltreligion und die geistige Integration des Reiches vom Oxus bis zum Atlantik im Amalgam der islamischen Kultur.
Unter ʿAbdalmalik und seinem Nachfolger al-Walīd (705–15) zwingen starke Gouverneure den von Parteikämpfen erschütterten Irak in die Botmäßigkeit der Dynastie. Arabische Heere vollenden die Eroberungen im Osten und Westen bis zur größten Ausdehnung des Kalifenreiches unter zentraler Herrschaft.
Umfassende Verwaltungsreformen stellen nach dem Krisenjahrzehnt des Bürgerkrieges die administrative und finanzielle Autonomie des Staates her: ʿAbdalmalik arabisiert und vereinheitlicht die Kanzleien und das Münzwesen; ʿUmar ibn ʿAbdalʿaziz (717–20) paßt Besteuerung und Staatswirtschaft an die durch die Islamisierung und Ausweitung des Grundbesitzes veränderten Verhältnisse an, kann jedoch vor seinem frühen Tod das begonnene Reformwerk nicht durchsetzen.
In der Endphase des Umaiyadenstaates schwächt der Streit um Legitimität und «Gerechtigkeit» des Regimes die Solidarität der Araber. Der Zwist und die Auflehnung der Stämme sowie die vielstimmige Kritik der Frommen, der Khārijiten, der Schia am säkularen «Königtum» der Dynastie, führen den Niedergang der Umaiyaden herbei. Doch scheitern sie letztlich an den Konflikten, die sich aus den Problemen der sozialen Assimilation und der ökonomischen Integration der Nichtaraber in das Vielvölkerreich des Islams ergeben.

661–680 / *41–60* Kalifat des Umaiyaden Muʿāwiya ibn Abī Sufyān. Damaskus wird neue Hauptstadt. Unter Führung der Provinzgouverneure Syriens und des Iraks beginnt die zweite große Expansionsperiode im Osten und im Westen.

665–673 / *45–53* Ziyād ibn Abīhi wird Statthalter im Irak (Basra) und Gouverneur der ehemals sasanidischen Provinzen des Ostens.

667 / *47* Die Araber besetzen Chalkedon, bedrohen Byzanz und überfallen Sizilien.

670 / *49–50* Beginn der Operationen gegen die Berber und der Eroberung Nordafrikas durch ʿUqba ibn Nāfiʿ. Gründung von Kairuan (Qairawān, im heutigen Tunesien).

672 / *53* Beginn der «siebenjährigen» arabischen Belagerung von Konstantinopel.

680–683 / *60–64* Kalifat Yazīds I., Sohn des Muʿāwiya.

680 / *61* Husain ibn ʿAlī führt den Aufstand der ʿalidischen Partei in Kūfa und wird bei Kerbela getötet. Sein Martyrium macht ihn zur Zentralgestalt der Schia.

683–692 / *64–73* Der zweite Bürgerkrieg. Nach dem Tode Yazīds (683–84 Kalifat Muʿāwiyas II.) errichtet ʿAbdallāh ibn az-Zubair ein Gegenkalifat im Hijāz. Unter Marwān I. gewinnen die Umaiyaden in der Schlacht von Marj Rāhit (684) Syrien zurück. In Kūfa versucht Mukhtār, die Herrschaft der ʿAliden durchzusetzen. ʿAbdalmalik (685–705), Marwāns Sohn, stellt die Kontrolle über alle islamischen Provinzen wieder her.

684–685 / *64–65* Kalifat Marwāns I. Verschärfte Stammesfehden führen zum Kampf zwischen den Stammeskonföderationen der Kalb (Bündnispartner des Kalifen) und der Qais bei Marj Rāhit (684).

684–686 / *65–67* Pestepidemie in Mesopotamien, Syrien und Ägypten.

685–687 / *##–##* Mukhtār ruft zum – religiös und sozial motivierten – Aufstand der Schia gegen die Umaiyaden im Namen des ʿAliden Muhammad ibn al-Hanafīya.

685–705 / *65–86* Kalifat des ʿAbdalmalik. ʿAbdalmalik leitet eine Epoche administrativer Reformen ein. Arabische Beamte treten an die Stelle der alten, byzantinischen bzw. sasanidischen Verwaltungselite und betreiben die Arabisierung und Islamisierung der Finanzverwaltung und des Münzwesens.

691 / *71* Bau der ʿUmar-Moschee («Felsendom») in Jerusalem. Musʿab ibn az-Zubair, Bruder des Prätendenten ʿAbdallāh ibn az-Zubair und dessen Gouverneur im Irak, wird getötet.

691 / *72* ʿAbdalmalik besiegt die Rebellen und erobert den Irak zurück.

692 / *73* Al-Hajjāj ibn Yūsuf nimmt Mekka ein und beendet das Gegenkalifat des ʿAbdallāh ibn az-Zubair.

694–714 / *75–95* Al-Hajjāj ibn Yūsuf wird Statthalter im Irak und befriedet die von Sektenkämpfen und Aufständen erschütterte Provinz. Administrative und wirtschaftliche Neuordnung.

698/*78* Endgültige Vertreibung der Byzantiner aus Karthago.

ab 698/*79* Die Münzreform ʿAbdalmaliks löst die sasanidischen und byzantinischen Prägungen durch Münzen mit arabisch-islamischer Legende ab.
Das Arabische wird allgemeine Kanzlei- und Verwaltungssprache des islamischen Reiches.

699–701/*80–82* Ibn al-Ashʿath führt in Südpersien und im Irak eine Revolte gegen al-Hajjāj, u.a. für die Interessen nichtarabischer Muslime (*mawālī*, «Beisassen» arabischer Stämme nach Bekehrung und Freilassung).

705/*87* *Umbau der Johanneskirche in Damaskus und Ausgestaltung zur Umaiyaden-Moschee.*

705–715/*86–96* Der Kalif al-Walīd I. ibn ʿAbdalmalik leistet die Konsolidierung und größte Expansion des arabischen Reiches.

711/*92* Tāriq ibn Ziyād setzt mit einem Berberheer in das südliche Spanien über (bei Gibraltar = Jabal Tāriq) und beginnt die Eroberung Andalusiens. Das Heer der Visigoten unter König Roderich wird am Wādī Bakka vernichtet. Um 708–711/89–92 erobert Muhammad ibn al-Qāsim, General des Hajjāj, die westindische Provinz Sind (Multan).

712/*93* Qutaiba ibn Muslim, arabischer Gouverneur von Chorasan, erobert Chwarism und Transoxanien. Die Islamisierung der innerasiatischen Kulturzentren (Buchara, Samarkand) beginnt.

715–717/*96–99* Kalifat Sulaimāns. Erfolglose Belagerung von Byzanz.

716/*98* Tod des Abū Hāshim, Sohn des ʿAliden Muhammad ibn al-Hanafiya. Eine Gruppe seiner Anhänger, die Hāshimīya, behauptet den Übergang des Imamats auf die Familie der ʿAbbāsiden und wird so zum Instrument der ʿabbāsidischen Propaganda.

717–720/*99–101* Der Kalif ʿUmar II. ibn ʿAbdalʿazīz leitet eine Steuerreform zum Ausgleich sozialer Spannungen und Abwehr der Landflucht ein, befreit die bekehrten Nichtaraber (*mawālī*) von der Kopfsteuer *(jizya)*, aber nicht von der Grundsteuer.

719/*101* Cordoba wird Residenz der arabischen Gouverneure des Andalus.

720–724 / *101–105* Der Kalif Yazīd II. ibn ʿAbdalmalik führt die militärische Expansion im Osten und Westen weiter, muß indessen gegen Revolten im Irak und die Opposition der *mawālī* kämpfen.

um 720 / *100* *Tod des Dichters ʿUmar ibn Abī Rabīʿa, des bedeutendsten Vertreters der Liebeslyrik* (ghazal) *in Medina.*

724–743 / *105–125* Unter dem Kalifen Hishām ibn ʿAbdalmalik begünstigt die Ausbeutungspolitik in Transoxanien und Nordafrika Oppositionsbewegungen gegen das Umaiyadenkalifat.
Der Sekretär des Hishām, ʿAbdalhamīd ibn Yahyā (gest. 750/132), gebürtig aus Mawālī-Kreisen, begründet die Kunstprosa der höfischen Kanzlei.

725 / *107* Die Kopten in Ägypten führen einen Aufstand gegen die islamischen Steuergesetze.

728 / *110* *Tod des Asketen, Predigers und Theologen al-Hasan von Basra; er war ein Meister der arabischen Sprache und Leiter von Diskussionen zu Fragen des islamischen Dogmas, u. a zur Willensfreiheit gegenüber der göttlichen Allmacht* (qadar).

um 730 / *110* *Tod des Jarīr und des Farazdaq, Meister der Streit- und Spottdichtung* (hijāʾ), *berühmt für ihre jahrelange poetische Fehde. (Eine ähnliche Fehde führte Jarīr mit dem Dichter al-Akhtal, gest. nach 705/86).*

732 / *113–114* Nach der Schlacht von Tours und Poitiers, mit Karl Martell auf der Seite der Franken, ziehen sich die Araber in das südliche Rhônetal zurück. Ein zweiter Feldzug Karl Martells (737) wird nach erfolgloser Belagerung Narbonnes (759) aufgegeben.

734–746 / *116–128* Aufstand des Hārith ibn Suraij in Chorasan: Forderung von Steuergerechtigkeit und gleichem Sold für Araber und *mawālī.*

735 / *117* *Im Irak stirbt Dhū-r-Rumma, «der letzte der Dichter» im Stil der altarabischen Beduinenpoesie.*

740 / *122* Zaid ibn ʿAlī, Urenkel des ʿAlī ibn Abī Tālib, führt einen schiitischen Aufstand gegen die Umaiyaden in Kūfa und fällt im Kampf. Seine Anhänger begründen die schiitische Konfession der Zaidīya. Berberstämme unter khārijitischer Führung führen Revolten in Nordafrika.

743–744 / *125–126* Das Kalifat des al-Walīd II. ibn Yazīd steht im Zeichen von Zwistigkeiten und Kämpfe unter den Umaiyaden. Der Lebenswandel des Kalifen, der Gedichte, bes. Weinlieder, verfaßt, wird Zielscheibe der Kritik.

743–744 / *125* *Tod des schiitischen Dichters Kumait, der Gedichte zum Preise des Propheten und der ʿAliden schrieb.*

744 / *126* Der Kalif Yazīd III. ibn al-Walīd nimmt Damaskus ein und läßt seinen Vorgänger al-Walīd verfolgen und töten. Abū Muslim beginnt mit der offenen anti-umaiyadischen Agitation zugunsten der ʿAbbāsiden in Khurāsān.

744 / *126* Der Kalif Ibrāhīm ibn al-Walīd unterliegt im Kampf um die Herrschaft seinem Nachfolger, Marwān ibn Muhammad.

744–47 / *127–130* ʿAbdallah ibn Muʿāwiya führt eine anti-umaiyadische Revolte mit starker Beteiligung von nichtarabischen *mawālī*.

744–750 / *127–132* Marwān, zunächst Prätendent gegen Yazīd III. und Ibrāhīm, geht aus den Nachfolgekämpfen der Umaiyaden als letzter Kalif der Dynastie hervor; er versucht, seine Herrschaft durch eine Neuordnung der Armee zu konsolidieren, unterliegt jedoch der Revolution der ʿAbbāsiden.

um 745 / *127* *Tod des Beduinendichters al-Nābigha as-Shaybānī, der vom Christentum zum Islam übertrat und Lobdichter der Umaiyaden wurde.*

745 / *127* Pestepidemie im Irak, in Obermesopotamien und Syrien.

746 / *128* Aufstände der Kalb in Syrien und der Kharijiten im Irak.

747 / *130* Die Revolutionäre unter Abū Muslim entfalten in Chorasan das schwarze Banner der ʿAbbāsiden.

748 / *130* Qahtaba besiegt den umaiyadischen Gouverneur von Khurāsān.

749 / *132* Ganz Persien kommt unter ʿabbāsidische Herrschaft; Kufa wird besetzt.

749–750 / *132* Die ʿabbāsidische Revolution beendet das Kalifat der Umaiyaden mit der Entscheidungsschlacht am Zāb am 25.1.750/11. Jumādā II.

Massaker der siegreichen Revolutionäre unter den Mitgliedern der Umaiyadenfamilie. Es folgt 749–1258 das Kalifat der ʿabbāsidischen Dynastie (Banū l-Abbās), der Nachkommen von ʿAbbās ibn ʿAbdalmuttalib (Onkel des Propheten).

Das Kalifat der ʿAbbāsiden und seine Nachfolgestaaten (749 bis Mitte des 11. Jh.)

Der dritte Bürgerkrieg im Islam – die ʿabbāsidische Revolution – bringt eine andere Dynastie aus dem Stamm der Quraish an die Macht, die Banū-l-ʿAbbās (749–1258); sie ist dem Propheten verwandtschaftlich näher, näher auch nach ihrem Anspruch, die Theokratie des wahrhaft islamischen Staates wiederherzustellen. Der Anspruch, eine islamische Regierung und ausgleichende Gerechtigkeit für alle Muslime zu verwirklichen, scheitert. Aber im Widerstreit der religiösen, politischen, sozialen und wirtschaftlichen Kräfte entsteht die klassische islamische Kultur unter Beteiligung aller Muslime, der arabischen wie der nichtarabischen.

Das erste Jahrhundert der ʿAbbāsiden (749–847)

Im ersten Jahrhundert ihrer Herrschaft vollenden die ʿAbbāsiden das Werk ihrer Vorgänger: Sie wahren die Hegemonie der Araber unter Führung der Quraish; sie drängen die politisch-religiösen Sekten, die die Einheit des Reiches und des Glaubens gefährden, zurück; sie festigen die Grenzen des Islams und schaffen die Brückenköpfe seiner weiteren Ausbreitung; und die arabische Sprache, anfangs Sprache der Erobererschicht, wird Reichssprache, Medium der islamischen Kultur für alle ihre Träger, gleich welcher Herkunft. Im selben Zeitraum kommt schließlich auch der Sammlungs- und Eliminationsprozeß der juristisch-religiösen Überlieferung zum Abschluß, dessen Anfänge weit in die Umaiyadenzeit zurückreichen; er mündet in die Kodifikation der Sunna (im Hadīth) und in der Lehrüberlieferung der «orthodoxen» Rechtsschulen.
Das politische und kulturelle Zentrum rückt weiter nach Osten, wo die Gegner der Umaiyaden ihre Hausmacht gesammelt und den Aufstand entfacht hatten: nach dem Irak und den ihm geographisch und politisch zugewandten Provinzen Irans (bes. Chorasan). Die Gründung Bagdads (763) als neuer Hauptstadt durch al-Mansūr (754–75) macht dies deutlich. Die Kalifen von Bagdad organisieren das Reich als multinationalen Zentralstaat. Nichtaraber, vor allem Perser, tragen zunehmend seine Administration und seine Kultur; das Vorbild des sasanidischen Iran prägt seine Institutionen. Aus der aktiven Aneignung der hellenistischen und iranischen Literatur- und Wissen-

schaftstradition (nach einer Zeit passiver Rezeption) wächst die «klassische» islamische Kultur.
War im Umaiyadenreich die einzige politische Institution die Staatsgewalt, so schaffen die ersten ʿAbbāsiden – nach ihrem Selbstverständnis charismatische Hüter der Theokratie, orientiert am iranischen Modell – mit Institutionen der Rechtspflege, der Administration und des Militärs Instrumente ihrer geistlichen und weltlichen Hoheit. Der Forderung «das Rechte zu mehren, dem Unrecht zu wehren» *(al-amr bi-l-maʿrūf wan-nahy ʿan al-munkar)* – Parole des Widerstandes gegen die Umaiyaden – suchen sie mit Reformen des Boden- und Steuerrechts nachzukommen und so dem sozialen Wandel (Islamisierung, Urbanisierung) Rechnung zu tragen.

749–754 / *132–136* Kalifat des Abū l-Abbās as-Saffāh. Der letzte Umaiyadenkalif Marwān II. wird in der Entscheidungsschlacht am großen Zāb vernichtend geschlagen und fällt in Ägypten (750). Massaker an der Umaiyadenfamilie und ihren hohen Beamten.

751 / *133* In der Schlacht bei Atlakh am Talās besiegen Araber eine chinesische Armee in Zentralasien.
Die Araber lernen von chinesischen Kriegsgefangenen der Schlacht am Talas das Papier kennen. Die Herstellung von Papier beginnt in Samarkand.

754–775 / *136–158* Kalifat des Mansūr. Das ʿAbbāsidenkalifat sagt sich von der radikalen Schia los, die das Imamat für die erleuchteten Nachfolger ʿAlīs beansprucht. Mit der Niederwerfung von Aufständen der alidischen Prätendenten wird al-Mansūr der Reichsgründer der Dynastie. Ein stehendes Heer aus Chorasaniern wird gebildet. Das Amt des Post- und Informationsministers *(sāhib al-barīd wal-khabar)* wird zu einem zentralen Kontrollorgan ausgebaut.

755 / *137* Al-Mansūr läßt Abū Muslim ermorden.

756–788 / *138–172* ʿAbdarrahmān I., Emir von Cordoba seit 756, begründet die spanische Umaiyaden-Dynastie (755–1031). Zunächst tragen die Herrscher den Titel Emir, ab 929 den Kalifentitel. Die Unruhen durch die Rivalität arabischer Stämme untereinander und mit neubekehrten Muslimen in Andalusien halten an.

756 / *138* (?) *Der iranische Schriftsteller und Höfling ʿAbdallāh ibn al-Muqaffaʿ, Übersetzer persischer Literatur (Fürstenspiegel, Geschichtswerke) ins Arabische und einer der Schöpfer einer arabischen literarischen Prosa, wird der Apostasie zum Zoroastrismus angeklagt und hingerichtet.*

762–763 / 145 Al-Mansūr gründet Bagdad als Hauptstadt des ʿAbbāsidenreiches im Irak. Die Stadt wird das wirtschaftliche und kulturelle Zentrum der islamischen Welt. Die ʿAbbāsiden unterdrücken ʿalidische Aufstände im Irak und in Medina (Muhammad ibn ʿAbdallāh).

765 / 148 Mit dem Tod Jaʿfar as-Sādiqs, des Imams der husainidischen Linie der Schia (nach Husain, dem Sohn ʿAlīs und Bruder Hasans), beginnt die Spaltung der Schia.

767–768 / 751 *Tod des Historikers Ibn Ishāq. Seine Muhammad-Biographie (Sīra), die uns in der Bearbeitung von Ibn Hishām vorliegt, wird das klassische Werk über das Leben und Vorbild des Propheten.*

767 / 150 *Tod Abū Hanīfas, der Autorität der nach ihm benannten irakischen Rechtsschule der Hanafiten.*

775–785 / 158–169 Kalifat des Mahdī. Die iranischen Barmakiden erlangen als Wesire (bis 803) großen Einfluß. – Neue mazdakitische und manichäische Sekten iranischen Ursprungs fordern das Kalifat heraus.

776–779 / 160–162 Aufstand in Chorasan unter Muqannaʿ, dem Führer einer mazdakitischen Sekte.

777–909 / 160–296 Die Rustamiden gründen ein khārijitisches Fürstentum in Tāhart (Westalgerien).

778 / 161 Fehlschlag der Expedition Karls des Großen im Baskenland und Vernichtung von Teilen seines Heeres unter Roland bei Roncesvalles.

785–786 / 169–170 Kalifat des Hādī. Bau der großen Moschee von Cordoba.

786–809 / 170–193 Kalifat des Hārūn ar-Rashīd. Das Amt des obersten Richters (*qādīs-l-qudāt*) wird geschaffen. Der Jurist Abū Yūsuf verfaßt das «Buch der Grundsteuer».
Wirtschaftlicher und kultureller Höhepunkt des Kalifats und Blüte der arabischen Literatur und Wissenschaft.

789–926 / 172–314 Dynastie der ʿalidischen Idrisiden in Marokko.

791 / 175 (?) *Tod des Grammatikers, Lexikographen und Prosodisten Khalīl ibn Ahmad. Sein Schüler Sībawaih verfaßt die erste systematische Grammatik des Arabischen.*

795 / *179* *Tod des Mālik ibn Anas; der Jurist in Medina gilt als Autorität der mālikitischen Rechtsschule.*

796–822 / *180–206* Al-Hakam I. in Spanien; Aufstände in Cordoba, Stadtstaat in Toledo.

798 / *182* *Tod des Juristen Abū Yūsuf, der neben Muhammad ash-Shaibānī (gest. 805) der wichtigste Nachfolger Abū Hanīfas war.*

800 / *184* *Niederlassung islamischer Kaufleute in China (Kanton). Gründung der ersten Papierfabrik in Bagdad.*

800–812 / *184–197* Ibn al-Aghlab regiert als Gouverneur der ʿAbbāsiden in Ifrīqiya (Tunesien) mit der Hauptstadt Kairuan; seine Nachfolger, die Aghlabiden, herrschen bis 909/297.

803 / *187* Sturz der Barmakiden, Wesire Hārūn ar-Rashīds.

806 / *###* Eroberung von Tyana; arabischer Vorstoß bis nach Ankyra.

808 / *192* Gründung von Fes (Marokko) durch die Idrisiden.

809–813 / *193–198* Kalifat des Amīn. Nach dem Tod Hārūn ar-Rashīds wird das Reich unter seinen zwei Söhnen aufgeteilt. Al-Amīn unterliegt al-Ma'mūn, der, von chorasanischen Truppen unterstützt, das Reich wiedervereinigt (813).

ab 811 / *195* *Der Jurist ash-Shāfiʿī (geb. 767/150), in Medina Schüler von Mālik ibn Anas, lehrt in Bagdad und begründet die klassische Systematik und Methodologie der Rechtsquellen.*

813 / *198* Das chorasanische Heer unter Tāhir ibn al-Husain belagert und erobert Bagdad für al Ma'mūn. Amīn wird ermordet.

813–833 / *198–218* Kalifat des Ma'mūn. Ersten Tendenzen zur Selbständigkeit in den Provinzen und dem Autoritätsanspruch der Sammler der Prophetenüberlieferung (*hadīth*) begegnet der Kalif als autokratischer Herrscher.

814 / *198* *Tod des Abū Nuwās, eines Repräsentanten neuer Themen und Formen in der arabischen Dichtung*

815 o. 816 / *200* *Tod des Sūfī Maʿrūf al-Karkhī.*

816–837/*201–222* Revolte des Babak, des Führers der mazdakitischen Sekte der Khurramīya (vertritt Dualismus, Seelenwanderung), gegen den Landadel und die Araber in Aserbaidschan, ab 827 auch in Westpersien.

817/*201* Al-Ma'mūn designiert in Merw den Imam ʿAlī ar-Rida (gest. 818) zum Nachfolger mit dem Ziel einer Aussöhnung mit den ʿAliden. Der Versuch scheitert mit dem baldigen Tod des Imams. Der Kalif unterdrückt die Traditionsfrömmigkeit der Ahl al-Hadīth zugunsten der rationalistischen Dogmatik der Muʿtazila.
Unter dem Kalifat des Ma'mūn führen die Dynastie und ihre Administration die Übersetzung der Werke griechischer Mathematiker, Astronomen, Ärzte und Philosophen ins Arabische auf ihren Höhepunkt.

817–819/*202–204* Gegenkalifat des Ibrāhīm ibn al-Mahdī in Bagdad. Nach der Unterwerfung des Prätendenten kehrt al-Ma'mūn nach Bagdad zurück.

820/*204* Der Rechtsgelehrte ash-Shāfiʿī stirbt in Ägypten (20.1.) und wird unter seinen Schülern im Irak und in Ägypten Schulautorität der schafiitischen Rechtslehre.

821–873/*205–259* Ostiran wird unter den Tāhiriden als Statthaltern faktisch selbständig.

822/*207* *Tod des Wāqidī (28.4.); der Historiker des frühen Islams, schrieb das Buch der «Kriegszüge»* (Maghāzī) *in Medina.*

822–852/*206–238* ʿAbdarrahmān II. von Cordoba.

825 o. 826/*211* *Tod des Dichters Abū l-ʿAtāhiya*

827/*212* Beginn der Eroberung Siziliens. Al-Ma'mūn verfügt die Mihna (Inquisition, fortgesetzt unter seinen Nachfolgern bis 848): Er erklärt die theologische Lehre der Muʿtazila für verbindlich; die Staatsgewalt tritt für die «Erschaffenheit» des Korans ein. Der Traditionarier Ahmad ibn Hanbal (780–855) wird als Vertreter des Widerstandes der Ahl al-Hadīth gegen die rationalistische Dogmatik verfolgt.

829–830/*216* Koptenaufstand in Ägypten.

831/*216* Fall Palermos nach arabischer Belagerung (unter islamischer Herrschaft bis 1072).

833–842 / *218–227* Kalifat des Muʿtasim. Bildung einer Leibgarde aus türkischen u.a. Elitetruppen zum Schutz des Kalifen.

836 / 222 Al-Muʿtasim gründet die Residenz und Garnisonsstadt Samarra.

837 / *222* Die Rebellion der Khurramīya unter Babak (seit 816) in Aserbaidschan wird von der Armee des Kalifen unter dem Iraner al-Afshīn niedergeschlagen.

841 / *226* General al-Afshīn stirbt im Gefängnis (Anklage der Apostasie zum Zoroastrismus).

842–847 / *227–232* Kalifat des Wāthiq, des letzten Vertreters der ungeschwächten ʿabbāsidischen Staatsgewalt.

844 / *229* Die Normannen fallen in Spanien ein und besetzen Sevilla.

Der Verfall des Kalifats (9.–10. Jh.)

Der theokratische Anspruch der ʿAbbāsiden wird zum Mythos der Theoretiker. Die inneren Widersprüche der Gesellschaft verschärfen sich unter dem Druck des sozialen Wandels; die Institutionen des Militärs und der Administration entgleiten der Kontrolle des Souveräns, und die zentrifugalen Kräfte in den Provinzen des Großreiches führen zur Ablösung vom geschwächten Kalifat, schließlich zur Autonomie einer Vielzahl regionaler – arabischer und iranischer – Fürstentümer. Das Erbe des islamischen Reiches als politischer Institution ist der islamische Kulturkreis.

Der Versuch des Kalifats, durch eine Inquisition der höchsten Richter – die Mihna, «Prüfung», des Ma'mūn (813–833) und seiner beiden Nachfolger, 829 bis 848 – die religiöse Institution auf Lehrsätze einer spekulativen Dogmatik zu verpflichten, scheitert. Der Oktroi begegnet dem Widerstand der Traditionalisten unter Führung von Ahmad ibn Hanbal; ihre Auflehnung, gestützt durch eine breite Volksbewegung, führt zum Erfolg (Restauration des Mutawakkil, 848).

Die Bildung einer Leibgarde aus türkischen Militärsklaven und die Gründung der Garnison Samarra (836) als neue Residenz haben die Entfremdung des Kalifats vom Volk auch äußerlich sichtbar werden lassen. Nun aber wird der Rückzug aus dem nahen Bagdad auch Zeugnis verhängnisvoller Schwäche: al-Mutawakkil (847–861) und seine Nachfolger werden zum Werkzeug der Machtpolitik ihrer türkischen Generäle. Die Besoldung der Armee durch Steuerlehen führt zur Zerrüttung der Staatsfinanzen. Die bewährte Trennung zwischen Militär- und Finanzverwaltung wird aufgegeben; der Ober-

emir (*amīr al-umarā'*, zuerst Ibn Rā'iq 936–938) erhält umfassende Vollmachten.
Im Jahre 945 erobern die iranischen Būyiden den von Türken und Arabern umkämpften Irak. Indem sie den Kalifen «retten», machen sie ihn gänzlich zu ihrer Marionette und übernehmen mit dem Amt des obersten Emirs die politische Gewalt. ʿAdudaddaula (949–983), der Erneuerer des iranischen Königtums und ab 978 auch Herrscher in Bagdad, läßt sich vom Kalifen zum König krönen.
Die an den Traditionen der iranischen Agrargesellschaft orientierte Administration der Buyiden versagt vor der Aufgabe, Organisationsformen der stürmisch wachsenden Städte zu schaffen. Hier führen soziale Spannungen zur spontanen Organisation militanter Bünde und zum Ausbruch von Unruhen. Hinzu kommen Aufstände unter dem ländlichen Sklavenproletariat der südirakischen Latifundien bis hin zur Rebellion der Zanj (afrikanischer Sklaven) der Jahre 869–883. In diesen Unruheherden, überdies unter den arabischen Beduinen, beginnt die Ismaʿīlīya ihre Propaganda im Namen sozialer Gerechtigkeit und damit ihren Aufstieg zu politischer Macht.
Der politische Quietismus der Intellektuellen und die freie Konkurrenz der geistigen Kräfte in der Zeit der arabisch-iranischen Bipolarität ermöglichen eine neue Vielfalt der islamischen Kultur im 10. Jahrhundert. Man hat von einer «Renaissance» gegenüber der «Klassik» der ersten abbasidischen Blütezeit gesprochen, auch im Hinblick auf die erneute Belebung des antiken Wissenschaftserbes.

847–61 / *232–247* Kalifat des Mutawakkil. Beendigung der Mihna; Anerkennung der Lehre der Ahl al-Hadīth als Orthodoxie; antirationalistische Reaktion. Verfolgung der Schia. Mutawakkil ist der erste Kalif, der von seinen türkischen Prätorianern ermordet wird.

um 847 / *232* *Tod des Mathematikers und Geographen al-Khwārizmī.*

852–886 / *238–273* Muhammad I. von Cordoba.

855 / *241* *Tod des Ahmad ibn Hanbal; der Lehrer des Hadīth gilt als Autorität der Rechtsschule der Hanbaliten.*

857 / *243* *Tod des Muhāsibī, eines bedeutenden Lehrers islamischer Frömmigkeit und Theologie.*

861–862 / *247–248* Kalifat des Muntasir. Ein Jahrzehnt türkischer Soldatenherrschaft beginnt.

ab 861/*247* Verfall der ʿabbāsidischen Staatsgewalt; die Provinzen lösen sich nach und nach vom Kalifat.

862–866/*248–252* Kalifat des Mustaʿīn, der wie seine beiden Nachfolger völlig in der Hand der türkischen Garde ist.

865/*251* Parteikämpfe der türkischen Generäle. Die Bevölkerung von Bagdad verteidigt die Stadt unter dem Kalifen gegen das türkische Heer aus Samarra.

866–869/*252–255* Kalifat des Muʿtazz. Sturz und Ermordung des Mustaʿīn.

867–911/*253–298* Yaʿqūb as-Saffār (867–879) und die Saffāriden herrschen unabhängig in Sīstān, gegen Ende des 9. Jh. im größten Teil Irans.

868/*255* *Tod des Theologen und Literaten al-Jāhiz, eines Meisters der arabischen Prosa und der anekdotisch-enzyklopädischen Adab-Literatur.*

868–905/*254–292* Ahmad ibn Tūlūn (868–83) und die Tūlūniden werden als Statthalter in Ägypten selbständig. Ägypten löst sich vom Kalifat.

869/*255* Tod des Muhammad ibn Kar(r)ām, eines Lehrers der in Khurāsān (um Nischapur) populären Karramīya-Sekte.

869–70/*255–256* Kalifat des Muhtadī. Aufstand von schwarzen Sklaven (Zanj) im Südirak unter dem ʿalidischen Führer ʿAlī ibn Muhammad; Gründung eines autonomen Staates (869–883).

870/*256* *Tod des Bukhārī, des Verfassers der angesehensten kanonischen Hadīth-Sammlung.*

870–892/*256–279* Kalifat des Muʿtamid. Sein Bruder al-Muwaffaq stellt als Regent die kalifale Macht im Gebiet zwischen Syrien und Khurāsān wieder her.

870/*256 (?)* *Tod des Kindī, der als erster großer islamisch-arabischer Philosoph und Naturwissenschaftler gilt.*

873/*259* Yaʿqūb as-Saffār von Sīstān erobert Khurāsān von den Tāhiriden. Der Zwölfte Imam der Schia verschwindet; nach schiitischem Glauben wirkt er als «Herr der Zeit» in der Verborgenheit *(ghaiba)* und wird als der Mahdī am Ende der Zeiten zurückerwartet.

873/260 *Tod des Nestorianers Hunain ibn Ishāq (geb. 808/192), der die Übersetzungstätigkeit medizinischer, naturwissenschaftlicher und philosophischer Werke aus dem Griechischen ins Arabische auf ihren Höhepunkt führt.*

874/261 (?) *Tod des Sūfī Abū Yazid al-Bistāmī.* – Nasr I. ibn Ahmad (864–892) aus der Familie der Sāmāniden (Gouverneure von Chorasan seit 819) erhält vom Kalifen die Provinz Transoxanien (Buchara, Samarkand). Selbständige Regierung der sunnitischen Sāmāniden in Ostiran bis zum Ende des 10. Jh.
Kulturelle Blüte, Erwachen des iranischen Nationalbewußtseins und der neupersischen Literatur. Tod des Muslim ibn al-Hajjāj, des Verfassers einer kanonischen Hadīth-Sammlung.

876/262 Al-Muwaffaq schlägt Ya'qūb as-Saffār bei Dair al-'Āqūl am Tigris.

877/263 Ahmad ibn Tūlūn, Gouverneur Ägyptens, besetzt Syrien. Baubeginn der Moschee des Ibn Tūlūn in seiner Lagerstadt al-Qatā'i' (Teil des heutigen Kairo).

878/264 Fall von Syrakus; die Araber entreißen den Byzantinern Sizilien.

879/265 Zerstörung der bedeutenden islamischen Handelsniederlassung im chinesischen Seehafen Kanton (Khānfū).

880/267–918/305 'Umar ibn Hafsūn und seine Söhne beunruhigen den spanischen Umaiyadenstaat.

883/270 Die Armee des Kalifen beseitigt den Staat der Zanj.

888–912/275–300 'Abdallāh ist Umaiyadenkalif von Cordoba. Kampf gegen die Rebellen um Ibn Hafsūn.

889/276 *Tod des Philologen, Historikers und Theologen Ibn Qutaiba.*

um 890/278 Die Karmaten, arabische Parteigänger der ismailitischen Schia, sind unter Führung von Hamdān Qarmat im Irak und in Syrien aktiv. Die zunehmende Militanz der radikalen Schia beschleunigt den Zusammenbruch des Kalifats.

892/279 *Tod des Gelehrten Muhammad at-Tirmidhī; er formulierte Re-*

geln zur Bestimmung der Zuverlässigkeit von Isnāden (Überliefererketten) im Ḥadīth (Prophetentradition) und schuf eine angesehene Ḥadīth-Sammlung.

892–902 / ***279–289*** Kalifat des Muʿtaḍid. Religiöse und politische Unruhen.

894 / ***281*** Gründung eines Karmaten-Staates im Osten der Arabischen Halbinsel.

897 / ***284*** Gründung des zaiditischen Staatswesens im Jemen.

900 / ***287*** Die Sāmāniden unter Ismāʿīl (892–907) verdrängen die Saffāriden aus Khurāsān.

ab ca. 900 / ***287*** *Die Sāmāniden führen im iranischen Osten das Persische als Kanzleisprache ein und fördern die Ausbildung der neupersischen Literatursprache.*

902–908 / ***289–295*** Der Kalif al-Muktafī stabilisiert die Macht des ʿAbbāsidenkalifats im Gebiet zwischen Ägypten und Westiran. Nordafrika unter den Aghlabiden und Ostiran unter den Sāmāniden sind autonome Provinzen. Kämpfe mit den Karmaten bedrohen den Südirak.

905–991 / ***293–381*** Die arabische Dynastie der Ḥamdāniden regiert (929–979 unabhängig) in der Jazīra (oberes Mesopotamien, Hauptstadt Mosul), 945–1004 auch in Nordsyrien (Hauptstadt Aleppo), und sie führt Grenzkriege mit Byzanz.

908–932 / ***295–320*** Nach Thronkämpfen und dem Tod des Rivalen ʿAbdallāh ibn al-Muʿtazz wird Muqtadir Kalif. Es kommt zu einer fortschreitenden Entmachtung des Kalifats durch Wesire und Militärs.

909–972 / ***296–547*** Die Ismailiten verdrängen die Aghlabiden aus Ifrīqiya (Tunesien) und errichten das Fāṭimiden-Kalifat mit der Hauptstadt Mahdīya (ʿUbaidallāh al-Mahdī 909–934).

910 / ***298*** *Tod des Mystikers Abū l-Qāsim al-Junaid. Er sprach vom «Entwerden» des menschlichen Ich vor Gott.*

912–961 / ***300–350*** ʿAbdarraḥmān III. von Cordoba bringt nach Kämpfen gegen Fāṭimiden und Berber im Magrib das spanische Umaiyadenreich auf seinen politischen und kulturellen Höhepunkt.

913–942 / *301–331* Unter dem Sāmāniden Nasr II. erreicht das sāmānidische Hoheitsgebiet seine größte Ausdehnung, die Zentren liegen in Chorasan und Transoxanien.

913–924 / *301–331* *Die iranischen Sāmāniden fördern, neben der arabischen Literatur und Bildung des klassischen Islams, die Literatur der aufblühenden neupersischen Sprache.*

922 / *309* Der Mystiker al-Hallāj in Bagdad behauptet das Einswerden mit Gott («Ich bin der Wahrhaftige») und wird als Ketzer gekreuzigt.

923 / *310* *Tod des Korankommentators, Juristen und Historikers at-Tabarī (geb. 838); seine Annalen fassen die bedeutendsten Quellen für die ältere islamische Geschichte zusammen.*

925 / *313* (?) *Tod des Arztes und Philosophen Abū Bakr Muhammad ibn Zakarīyā' ar-Rāzī (Rhazes).*

929–969 / *317–359* Emirat des Hamdāniden al-Hasan Nāsir-ad-Daula von Mosul (Obermesopotamien).

929 / *317* ʿAbdarrahmān III. von Cordoba nimmt den Kalifentitel an.

929 / *317* *Der Astronom al-Battānī stirbt in Bagdad. Er verfaßte die erste Summa der arabischen Astronomie und wurde ihr bekanntester Vertreter im lateinischen Abendland (unter dem Namen Albate[g]nius).*

930 / 317 Die Bahrain-Karmaten verüben in Mekka ein Massaker unter den Pilgern und rauben den Schwarzen Stein aus der Kaʿba. Eroberung Omans.

932–934 / *320–322* Kalifat des Qāhir.

934–940 / 322–329 Kalifat des Rādī. Die Macht des geschwächten Kalifen wird vom Oberemir (*amīr al-umarā'*) der Armee usurpiert (936). – Die schiitische Militärfamilie der Būyiden aus Dailam am Kaspischen Meer erringt die Herrschaft in Westiran.

935–969 / *323–358* Die Ikhshīdiden, eine von dem Türken Muhammad ibn Tughj (935–46) gegründete Dynastie, herrscht in Ägypten und Syrien.

935 o. 936 / *324* *Tod des Theologen al-Ashʿarī (geb. 973–4/260), der die* *traditionistische Dogmatik der Ahl al-Hadīth mit den Mitteln des Kalām systematisch begründete.*

936/*324* Muhammad ibn Rā'iq, im Amt des Oberemirs in Bagdad, vereinigt das Oberkommando der Armee mit finanzieller und administrativer Kontrolle des Reiches.

937 o. 938/*326* *Der christliche Aristoteles-Übersetzer und Logiker Abū Bishr Mattā führt mit dem arabischen Grammatiker Abū Sa'īd as-Sīrāfī ein Streitgespäch über den Rang der logischen Methodenlehre gegenüber der grammatischen Hermeneutik der islamischen Wissenschaften.*

939/*327* 'Abdarrahmān III. wird von Ramiro von León bei Simancas geschlagen.

940–944/329–333 Kalifat des al-Muttaqī.

940 o. 941/*329* *Tod des Rūdakī; der Hofdichter des Sāmāniden Nasr II. in Buchara gilt als erster bedeutender Vertreter der neupersischen Poesie.*

ab 941/*329* Pestepidemie im Irak.

942/*330* Der Hamdānide al-Hasan von Mosul wird Protektor des Kalifen und nach der Ermordung Ibn Rā'iqs letzter arabischer Oberemir; er erhält den Titel Nāsir-ad-Daula. Der Zerfall der sāmānidischen Herrschaft in Iran wird durch Palastrevolutionen und Aufstände eingeleitet.

944–946/*333–334* Kalifat des Mustakfī. Die Būyiden übernehmen die militärische und administrative Gewalt im Kalifenreich.

944/*333 (332, 336?)* Al-Māturīdī stirbt in Samarkand; nach dem Bagdader al-Ash'arī der zweite große Dogmatiker der Sunna, der die orthodoxe Lehre mit den Mitteln des Kalām verteidigte.

944–947/*332–336* Revolte nordafrikanischer Berber gegen die Fātimiden.

Die Nachfolgestaaten des Kalifenreiches (Mitte 9. bis Mitte 11. Jh.)

Der Zerfall des Kalifenreiches in Teilstaaten beginnt schon bald nach der Machtübernahme der 'Abbāsiden. Zunächst im Westen: In Spanien begründet bereits 755 der Umaiyade 'Abdarrahmān ein unabhängiges Emirat, wenig

später werden ʿAliden in Marokko und Khārijiten in Ostalgerien selbständig; die loyalen Gouverneure von Ifrīqiya und von Ägypten werden seit Mitte des 9. Jahrhunderts praktisch autonom, nicht anders die Regenten von Chorasan, Sistan und Transoxanien im iranischen Osten. Unter Führung des iranischen Hauses der Sāmāniden, am Hof von Buchara, gewinnt die iranische Welt seit dem 10. Jahrhundert mit der politischen Autonomie auch ihre kulturelle Identität zurück.
Im Laufe des 10. Jahrhunderts bewegt sich das Machtzentrum Irans nach Westen. Am Kaspischen Meer beginnen die Dailamiten ihren Aufstieg und werden unter der Būyiden-Dynastie in Raiy, Isfahan und Schiras für die zweite Hälfte des 10. Jahrhunderts die Vormacht des Ostens, die selbst das Kalifat in ihren Dienst zwingt. Der tief islamisierte und in den Städten auch arabisierte Westiran, das ehemalige Sasanidenreich, prägt entscheidend die klassische «neupersische» Kultur.
Die Wirtschaftspolitik der Būyiden beruht auf der Ausbeutung des Grundbesitzes durch Militärlehen und verhindert den sozialen Ausgleich; die Opposition innerhalb und außerhalb der Städte im Verein mit dynastischen Auseinandersetzungen beschleunigt ihren Niedergang. Gleichzeitig werden die Samaniden durch ihre türkischen Sklavengeneräle von Gazna aus Chorasan verdrängt (999), und aus der Steppe Innerasiens rücken Turkmenenstämme zum Oxus und in wenigen Jahrzehnten nach Westpersien vor.
Die Provinzen des Kalifats sind auf die unmittelbare Umgebung der Hauptstadt Bagdad reduziert. Wie die iranische Welt so löst sich auch der arabische Vordere Orient vom Kalifen, und mit der Errichtung des Gegenkalifats der Fātimiden droht nach der äußeren die innere Spaltung des Islams. Erst die Seldschuken geben dem orthodoxen Islam sein politisches Gewicht zurück, und erst die Mongolen beenden die Agitation der Nīzārīya (Assassinen), die nach erneutem Schisma in Kairo den islamischen Osten vom 11. bis 13. Jahrhundert in Schrecken versetzen.

944–1003 / *333–394* Die Hamdāniden von Aleppo. Saifaddaula (945–967) übernimmt Aleppo und Hims von den Ikhshīdiden und kämpft gegen die Byzantiner.

944–967 / *333–356* *Der Hamdānide Saifaddaula fördert an seinem Hof den Dichter al-Mutanabbī, den Historiker und Literaten Abū l-Faraj al-Isbahānī und den Philosophen al-Fārābī.*

945 / *334* Die Būyiden besetzen den Irak, Muʿizzaddaula übernimmt als Oberemir in Bagdad die Kontrolle über das Kalifat.

946–974 / *334–363* Kalifat des Mutīʿ.

949–983 / *338–372* ʿAdudaddaula, der bedeutendste Herrscher der Būyidendynastie in Iran (ab 977 auch im Irak), erneuert das iranische Königtum.

950 / *339* *Der Philosoph al-Fārābī, gebürtig aus Turkestan, stirbt in Damaskus (14.12.). Begründer einer eigentlich islamischen Philosophie, deutet er die islamische Prophetie und die Offenbarung des Religionsgesetzes mit den Begriffen der aristotelischen Philosophie.*

ab ca. 950 / *339* Übertritt türkischer Stämme östlich des Jaxartes (Qarluqen und Qarakhāniden) zum Islam.

956 / *345* Revolte städtischer Milizen (*ahdāth*) in Antiochia und Aleppo.

954–961 / *343–350* Der Sāmānide ʿAbdalmalik I.

957 / *346* *Tod des Masʿūdī; der weitgereiste Historiker verfaßte enzyklopädische Werke der vorislamischen und islamischen Geschichte* (Murūj al-dhahab, *«Die Goldwäschen»), der Geographie und der Wissenschaften.*

961–976 / *350–366* Al-Hakam II. von Cordoba; nach seinem Tode zerfällt das spanische Umaiyadenkalifat.

961–963 / *349–352* Alptigin, ein türkischer General der Sāmāniden, begründet eine autonome Herrschaft in Ghazna (Sīstān-Afghanistan, 963–999 im Namen der Sāmāniden).

961–976 / *350–366* Der Sāmānide Mansūr ibn Nūh bewahrte die Herrschaft der Dynastie in Ost- und Nordiran.

***965* / 354** *Tod des Mutanabbī (geb. 915/303), des letzten großen Vertreters der klassischen arabischen Dichtkunst.*

967 / *356* *Tod des Historikers und Literaten Abū-l-Faraj al-Isbahānī; sein «Buch der Lieder» ist Hauptquelle für altarabische und klassische Poesie.*

968 / *357* Byzanz erobert Kilikien und Nordsyrien zurück.

969 / *358* Die Fātimiden erobern Ägypten, nehmen Fustat ein und gründen ihre Hauptstadt Kairo (al-Qāhira «die Siegreiche»). Die Fātimidendynastie wird Vormacht des östlichen Mittelmeerraumes.

972–1152 / *361–547* Die berberische Dynastie der Zīriden in Ifrīqiya und Ostalgerien (bis 1049 als Vasallen der Fātimiden).

973 / *363* Kairo wird Hauptstadt der Fātimidenkalifen, die Moschee und Rechtsschule al-Azhar (begr. 970, voll. 972) geistiges Zentrum der ismailitischen Schia.

um 974 / *364* *Tod des Sāmānidenwesirs Bal'ami, der die Annalen des Tabarī ins Persische übersetzte.*

974 / *364* *Tod des christlichen Theologen und Philosophen Yahyā ibn 'Adī. Tod des Ibn Jinnī, eines Systematikers der arabischen Grammatik.*

974–991 / *363–381* Der Kalif at-Tā'i' ringt mit den Būyidenemiren um die Autonomie des Irak.

976–997 / *365–387* Der Sāmānide Nūh ibn Mansūr.
Daqīqī, Hofdichter der Sāmāniden, verfaßt das erste persische Königsepos, hierin Vorläufer Firdausīs.

977 / *367* Der Būyide 'Adudaddaula übernimmt mit dem Bagdader Emirat die Alleinherrschaft in Mesopotamien und Westiran und läßt sich vom Kalifen den persischen Königstitel verleihen.

977–997 / *366–387* Sebüktigin, türkischer Sklavengeneral Alptigins, begründet die Ghaznawidendynastie in Afghanistan, Nordindien und Chorasan.

um 980 / *370* *Im Namen der Schule der Ikhwān as-Safā' von Basra präsentieren die «Episteln der Brüder im reinen Glauben» aristotelische, neuplatonische und pythagoräische Philosophie und die ismailitische Imamatslehre in einer philosophischen Enzyklopädie.*

983 / *372* Nach dem Tode 'Adudaddaulas beginnt der Zerfall der Būyidenherrschaft. Gegenüber wachsender Unabhängigkeit der Provinzen findet das Kalifat noch einmal zu lokaler Autonomie zurück.

985 / *375* *Der weitgereiste Geograph al-Muqaddasī (gest. um 1000 o. 990) beginnt mit der Abfassung einer großen «Kulturgeographie» des Erdkreises.*

991 / *381* Venedig schickt Gesandtschaften an die arabischen Fürsten des Mittelmeeres.

991–1031 / *381–422* Kalifat des Qādir nach Absetzung des Ṭā'iʿ. Förderung der traditionistischen Orthodoxie.

bis 992 / *382* Turkmenenstämme der Oghuzen (Ghuzz) dringen von der kirgisischen Steppe nach Transoxanien und Khurāsān vor. Die Familie des Oghuzenchefs Seljūq (Selchüq) bekehrt sich zum Islam und unterstützt die Sāmāniden gegen die Qarakhāniden im Kampf um Buchara.

992–1212 / *382–609* Die türkischen Qarakhāniden (Ilek-Khāne) gewinnen nach dem Niedergang der Sāmāniden die Herrschaft über Transoxanien (Buchara) und Ostturkestan. Der Oxus wird Demarkationslinie zwischen Qarakhāniden und Ghaznawiden. Die Oghuzen in Transoxanien und Chwarism (Jand, am Syr Darya/Jaxartes), Condottieri aus dem Seldschukenclan, unterstützen die Qarakhāniden.

994 / *384* *Tod des Bagdader Oberrichters und Literaten at-Tanūkhī.*

995–1017 / *385–408* Chwarism-Schahs der Ma'mūniden in Gurgānj.

996–1021 / *386–411* Der Fāṭimide al-Ḥākim betrachtet sich als Inkarnation des göttlichen Intellekts und verfolgt Juden und Christen. Die neue Sekte der Drusen verehrt ihn als Gottheit.

998–1030 / *388–421* Maḥmūd von Ghazna führt Feldzüge in Nordwestindien (Pandschab, 1001–21) und stellt die eroberten Gebiete unter islamische Herrschaft im Namen des ʿAbbāsidenkalifen. Aneignung von Chorasan (999), Chwarism (1017) und Westpersien (1029).

1006 / *396* Maḥmūd von Ghazna schlägt den Qarakhāniden von Turkestan.

1008 / *398* *Tod des Badīʿazzamān al-Hamadhānī, der die Literaturgattung der* maqāma *(satirische Genrebilder in Reimprosa) begründet hat.*

1009 / *400* *Abū Ḥayyān al-Tawḥīdī (gest. 1023/414?), ein Meister der arabischen Prosa, der als Literat, Philosoph und Ṣūfī Zeuge der intellektuellen Auseinandersetzungen seiner Zeit wird, schreibt sein letztes erhaltenes Werk «Über Freund und Freundschaft» und verläßt Bagdad.*

um 1010 / *401* *Firdausī aus Tus (gest. um 1010/411) vollendet das persische Nationalepos* Shāh-nāme *(«Königsbuch»), das er Maḥmūd von Ghazna widmet.*

1013/*403* *Tod des Bāqillānī, eines Rechtsgelehrten und Theologen aus der Schule des Ash'arī.*

1016/*407* Nach dem Seesieg Pisas und Genuas ziehen sich die Muslime aus dem Tyrrhenischen Meer zurück.

1017/408 Die Ghaznawiden in Chwarism; Ablösung der Ma'mūniden.

1021/*412* *Tod des Sūfīs as-Sulamī, der einen mystischen Korankommentar und ein biographisches Lexikon der sūfischen Lehrtradition verfaßte.*

1023–1079/*414–472* Die arabische Dynastie der Mirdāsiden herrscht in Aleppo.

1023–1091/*414–484* Die 'Abbādiden von Sevilla.

1027–1031/*418–422* Hishām III., letzter Umaiyade in Cordoba.

1029/*420* Mahmūd von Ghazna erobert Raiy und Jibāl: die Ghaznawiden herrschen in der westiranischen Hochebene.

1030/*421* Kämpfe zwischen Futūwa-Bünden und der türkischen Garnison in Bagdad.

1030/*421* *Der Mathematiker, Natur- und Kulturforscher al-Bīrūnī (973–ca. 1050) beschreibt erstmals umfassend Geschichte und Kultur Indiens.*
Tod des Philosophen und Historikers Miskawaih, der eine philosophische Ethik und ein didaktisches Geschichtswerk («Die Erfahrungen der Völker») verfaßte.

1030–1041/*421–432* Mas'ūd (nach Interregnum seines Bruders Muhammad) wird Sultan von Ghazna.

1031/*422* Nach dem Ende der Umaiyaden in Spanien zerfällt der Andalus in Kleinstaaten.

1031–1075/*422–467* Kalifat des Qā'im; letzte Phase der Handlungsfreiheit des Kalifen vor der Ankunft der Seldschuken.
Al-Māwardī (gest. 1058/450) formuliert in seinem Werk «Die Regularien der Herrschaft» die klassische Theorie des Kalifats.

1032/*423* Pest im Irak, in Obermesopotamien und in Syrien.

1036–1037/*427–428* Die Seldschuken Toghrïl-Bek und Chaghrï-Bek erobern Khurāsān.

1036–1094/*427–487* Der Fātimide al-Mustansir; Höhepunkt der Machtentfaltung; nach ihm beginnt der politische und religiöse Zerfall des Fātimidenkalifats.

1037/*428* *Tod des Ibn Sīnā (Avicenna); der universale Gelehrte und einflußreichste Philosoph und Arzt des islamischen Ostens im Mittelalter schuf arabische Enzyklopädien in aristotelischer Tradition.*

1038/*429* Toghrïl-Bek Sultan in Nischapur, Chaghrï-Bek in Merw.

1039/*431* *Tod des Hasan ibn al-Haitham; der Astronom, Mathematiker und Optiker wurde von dem Fātimiden al-Hākim gefördert.*

1039 o. 1040/*431* *Tod des ʿUnsurī, eines panegyrischen Dichters am Hofe Mahmūds von Ghazna.*

1040/*432* Schlacht von Dandānqān: Sieg der Seldschuken Toghrïl und Chaghrï über Masʿūd von Ghazna. Ende der ghaznawidischen Hoheit in Khurāsān und Westiran, Fortbestehen um Ghazna (Sīstān) und in Nordwestindien.

1041/*432* Die Seldschuken unter Toghrïl besetzen Khwārazm.

1043/*434* Toghrïl erobert Tabaristan (Elburs-Gebirge) und die persische Stadt Raiy. In Verhandlungen mit dem Kalifen erklärt sich Toghrïl zum «Schutzherrn des Fürsten der Gläubigen». Syrien löst sich aus der Kontrolle der Fātimiden.

1045–1055/*437–447* Die Seldschuken führen Kampagnen gegen Ostanatolien und Armenien und bedrohen die byzantinische Ostgrenze.

1049/*441* Die Zīriden von Kairuan kündigen den Fātimiden die Gefolgschaft auf. Kairo lenkt als Vergeltungsmaßnahme die Hilāl-Beduinen gegen Ifrīqiya (ab 1050).

1049/*441* *Tod des persischen Sūfīs und Predigers Abū Saʿīd ibn Abī-l-Khair von Nischapur.*

ab 1050/*442* Die Expansion der arabischen Stämme der Banū Hilāl und

Sulaim im westlichen Nordafrika führt zur Verwüstung von Teilen des Magrib und einem Jahrhundert der Anarchie.

um 1050/*442* Die Murābitūn (Almoraviden), Glaubenskämpfer von den Sanhāja-Berbern, verbreiten ihre islamische Erweckungsbewegung in Westafrika (Senegal-Mündung, Mauretanien, Gana, westlicher Sudan).

nach 1050/*442* *Tod des iranischen Mathematikers, Astronomen und Polyhistors al-Bīrūnī (geb. 973).*

1051/*443* Toghrïl erobert Jibāl (Isfahān, bis dahin unter den Kākōyiden). Vordringen turkmenischer Stämme nach Aserbaidschan und ins obere Mesopotamien.

Die Seldschukenzeit (Mitte 11. bis Mitte 13. Jh.)

Nach der inneren Desintegration ist es der Einbruch neuer Kräfte des Nomadismus, der seit dem 11. Jahrhundert die Reiche des Islams erschüttert. Soziale Umwälzungen, politische Neuordnung und religiöse Neuorientierung sind die Folgen.
Türkische Militärsklaven, von den Ostgrenzen deportiert, haben seit der frühen ʿAbbāsidenzeit im Vorderen Orient eine rühmliche und unrühmliche Vergangenheit und konkurrieren bereits mit den iranischen Fürsten. Seit dem Ausgang des 10. Jahrhunderts bricht dann eine Invasion türkischer Stämme über den Orient herein, welche die geographische und – unter Führung des Seldschukenhauses – die politische Landschaft tiefgreifend verändern. Die Bewegungen arabischer Beduinen nach Syrien und Ägypten erreichen im Überfall der Hilāl auf den Westen Nordafrikas – von den Fātimiden als Strafmaßnahme gegen die abtrünnigen Zīriden (1049) veranlaßt – einen Höhepunkt verheerenden Ausmaßes. Ebenfalls um die Mitte des 11. Jahrhunderts dringen islamisierte Berberstämme vom Atlas her nach Norden vor, nehmen Marokko und von dort aus den Andalus in ihren Besitz.

Die Seldschuken in Iran, Irak und Anatolien

Die Dynastie der Seldschuken (Seljūden) aus dem Stamm der Oghuzen gibt den Kräften des türkischen Nomadentums politischen Zusammenhalt und strategische Führung auf ihrem Weg bis nach Anatolien. Die Demütigung der Ghaznawiden (1040), die Besetzung Bagdads durch Toghrïl-Bek (1055) und die Zerschlagung der byzantinischen Armee durch Alp-Arslan (1071) sind die wichtigsten Stationen auf diesem Wege.

Nach der Eroberung Bagdads übernehmen die Seldschuken von ihren Vorgängern, den Būyiden, die Investitur durch den Kalifen (der ihnen den Titel Sultan verleiht) und die iranisch-islamische Staatsorganisation als Institute ihrer Autorität. Gleichfalls nach dem Vorbild der Būyiden unterhalten sie die stehende Armee durch Belehnung mit Staatsdomänen (*iqṭāʿ*) und binden so das Militär an den Boden. Das System wird nun systematisch ausgeweitet und ist unter strenger Kontrolle zunächst ein Mittel der Stabilisierung. Aber nach dem Verfall der seldschukischen Zentralgewalt im 12. Jahrhundert verstärken sich die partikulären Kräfte; die ursprünglich der befristeten Alimentation dienenden Lehen werden erbliche Domänen der Provinzgouverneure (Atabegs, eig. Prinzentutoren). Der Kalif erhält wieder eine gewisse, wenn auch regional beschränkte Handlungsfreiheit, und neben dem Seldschukenhause in Iran regieren selbständige Linien der Seldschuken in Anatolien sowie der Atabegs in Mesopotamien und Syrien.

Angesichts der Rivalität zwischen Kalif und Sultan um die politische Macht fällt die religiöse Autorität an die Rechtslehrer, die Überlieferer und Ausleger der Sunna des Propheten. Die Seldschukensultane und ihre Wesire treten als Verteidiger der Sunna auf, insbesondere im Kampf gegen die radikale ismailitische Schia; und sie suchen sich vollends zu legitimieren, indem sie Lehrer und Lehrinstitutionen der anerkannten Rechtsschulen fördern. Ein seit dem 9. Jahrhundert währender Prozeß kommt mit dieser Institutionalisierung der Sunna zum Abschluß: Der Traditionalismus und Pragmatismus der Rechtsschulen wird anerkannt als die eigentliche Orthodoxie des Islams. Auch der Sufismus, in «Orden» organisiert und reglementiert, wird Institution und Instrument dieser Orthodoxie. Zugleich erhält die Religiosität eine antiintellektuelle, subjektivistische Prägung.

Atabegs und Aiyūbiden. Gegenschlag gegen die Kreuzritter. Endphase des ʿAbbāsidenkalifats (12. bis Mitte 13. Jh.)

Im 12. Jahrhundert führen die Zangiden von Mosul und Damaskus – eingesetzt als Atabegs der Seldschuken, doch bald autonom – und darauf die Nachkommen ihres Kurdengenerals Aiyūb den Heiligen Krieg für die Restauration des sunnitischen Islams gegen die häretischen Fāṭimiden und gegen die christlichen Kreuzfahrer. Die bedeutendsten Namen der beiden Dynastien, Nūraddin ibn Zangī und Salāhaddīn ibn Aiyūb (Saladin), sind eng verbunden mit dem Kampf gegen die «Franken». Aber die zentralen Vorgänge im Zusammenhang der islamischen Geschichte sind die Beendigung des ismailitischen Gegenkalifats in Kairo (1171) im Namen des ʿAbbāsidenkalifen durch Shīrkūh und seinen Neffen Saladin, und darauf – von Ägypten als neuer Machtbasis her – die Vereinigung des Fruchtbaren Halbmonds unter Saladins Alleinherrschaft. Die Abwehr des dritten Kreuzzuges und die Eroberung Jerusalems (1187) sind ruhmreich in den Augen der Muslime, doch für Saladin vor allem ein notwendiger Zug zur Sicherung Nordsyriens und der Jazīra gegen die Ansprüche der letzten Zangiden; hier bleibt er stehen. Für Europa sind die Kreuzzüge, ausgelöst durch die Auseinandersetzung des revolutionären Papsttums mit den politischen Mächten, epochal, für Byzanz eine nachhaltige Katastrophe; für den Islam sind sie eine Beunruhigung, regional auch eine Bedrohung, doch letztlich eine Fortsetzung der alten Grenzkriege mit dem byzantinischen Christentum. Die politische Spaltung des Islams kann auch angesichts der Gefahr nicht nachhaltig überwunden werden.

Der Kalif rückt – weiter noch als bisher – an den Rand des politischen Geschehens. Auch an-Nāsir (1180–1225), die letzte große Persönlichkeit des ʿAbbāsidenhauses, hat nicht mehr als lokale Bedeutung, auch wenn er sich aus der Kontrolle der Türken befreien und seine Macht wieder nach Chusistan und Jibal ausdehnen kann. Das Mittel zu diesem Erfolg verrät politisches Genie: Er vereint die ritterlichen Männerbünde der städtischen Futūwa, erneuert sie zu einer staatstragenden Organisation unter seiner Kontrolle und macht sie zu einem Instrument politischer Allianz. Aber auf seine Unterstützung gegen die Kreuzritter hoffen die Muslime vergeblich. Zwar bestätigt er Saladin die Investitur in das Sultanat (diesem dienlich in der Auseinandersetzung mit den Zangiden), aber sein Mißtrauen gegenüber der aiyūbidischen Expansion ist stärker als die Einsicht, daß man den Franken gemeinsam begegnen müsse. Nicht nur der Machtbereich, auch der politische Horizont des Kalifen ist provinziell geworden.

Almoraviden und Almohaden in Nordafrika und Spanien (1056–1269)

In der Periode der Seldschuken und Atabegs im Osten wird der äußerste Westen zweimal durch Berberdynastien vom Atlas her unterworfen. Beide, Almoraviden (al-Murābitūn) und Almohaden (al-Muwahhidūn), erobern Spanien und treten zum Widerstand gegen die Reconquista an; aber während der Almoravide Yūsuf ibn Tāshufīn bei Zallāqa (1086) einen großen Triumph über die Christen erringen kann, müssen die letzten Almohaden nach der Entscheidungsschlacht von Las Navas de Tolosa (1212) den Rückzug nach Nordafrika antreten.

Beide Mächte erscheinen im Zeichen religiöser Erweckung und Erneuerung. Aber während die Almoraviden im Bündnis mit der orthodoxen Institution der malikitischen Rechtsschule einen rigiden Traditionalismus, Erstarrung und Isolierung betreiben, stellen die Almohaden in aufgeschlossener Förderung des geistigen Austauschs und der Wissenschaften – der religiösen wie der profanen – die lebendige Beziehung zu den östlichen Zentren der islamischen Kultur wieder her.

1055 / *447* Toghrïl-Bek ergreift die Macht in Bagdad, wird vom Kalifen al-Qā'im als «Sultan des Ostens und Westens» anerkannt und beendet das Prinzipat der Būyiden. Das Sultanat der «Groß-Seldschuken» in Iran und Irak übernimmt die Kontrolle des Kalifats.

1056–1061 / *447–453* Sanhāja-Berber der Sahara (Stammesgruppe der Lamtūna) unter Abū Bakr ibn ʿUmar begründen die Herrschaft der Almoraviden im marokkanischen Atlas.

1057 / *449* Die Banū Hilāl zerstören Kairuan.

1058 / *450* *Tod des Māwardī, Verfasser einer Gesamtdarstellung der politischen Institutionen des sunnitischen Islams. – Tod des blinden Dichters Abū l-ʿAlāʾ al-Maʿarrī (geb. 973), liberaler Skeptiker.*

1059–1060 / *450–451* Interregnum des Basāsīrī (türkischer General des letzten Būyiden) im Irak im Namen des Fātimiden-Kalifen.

1061–1091 / *452–484* Die Normannen erobern von Unteritalien aus Sizilien (1072 Palermo).

1061–1106 / 453–500 Die Almoraviden (al-Murābitūn) unter Yūsuf ibn Tāshufīn erobern Marokko (1062 Gründung von Marrakesch) und Spanien (1086). Starrer Legalismus nach der Lehre der malikitischen Rechtsschule.

1063–1072 / *455–465* Alp-Arslan, seldschukischer Sultan; als Erbe seines Vaters Chaghrï-Bek (seit 1061) und – nach der Abwehr anderer Prätendenten (Schlacht von Dāmghān) – seines Onkels Toghrïl Herrscher aller seldschukischen Domänen. Feldzüge gegen Fātimiden und Byzantiner.

1064 / *456* *Tod Ibn Hazms, spanischer Politiker, Jurist, Theologe und Literat.*

1064–1068 / *456–461* Alp-Arslan greift Armenien und Zentralanatolien an (1067 Caesarea/Kayseri, 1068 Ikonion/Konya). Romanos IV. Diogenes rüstet zum Feldzug nach Armenien (1069).

1065–1072 / *457–465* Hungersnot in Ägypten.

1065–1092 / *457–485* Nizāmalmulk, persischer Wesir der Seldschuken Alp-Arslan und Malik-Shāh. Zentralorganisation des Reiches in iranischer Tradition; Ausweitung des *iqtā*ʿ-Systems von Militärlehen; Konsolidierung der städtischen und ländlichen Wirtschaft.

1067 / *459* *Nizāmalmulk gründet bedeutende Schulen des schafiitischen Rechts in Bagdad (al-Madrasa an-Nizāmīya) und in anderen Städten des Seldschukenreiches zur Stütze der Orthodoxie.*

1069–1070 / *462* *Yūsuf von Balāsaghūn schreibt in Kashgar (Turkestan) ein allegorisches Lehrgedicht in osttürkischer Sprache (*Kutadgu-Bilig*): Anfänge belletristischer Literatur im Türkischen.*

1071 / *464* Alp-Arslan begegnet der byzantinischen Invasion in Armenien, vernichtet ihre Armee bei Malāzgird (Mantzikert) und nimmt den Kaiser Romanos Diogenes gefangen. Der Sieg führt zur Öffnung Anatoliens für die türkische Landnahme. Aufstieg des Malik Dānishmend zum Herrn einer turkmenischen Autonomie in Nord- und Ostanatolien.

1072 / *465* Normannen unter Robert Guiscard erobern Palermo (Sizilien). Tod Alp-Arslans bei Feldzug gegen die Qarakhāniden in Transoxanien.

1072 / *465* *Der Theologe und Mystiker Abū-l-Qāsim al-Qushairī (geb. 986/376) stirbt in Chorasan. Sein* Tartīb as-sulūk *(«Die Stufen des Weges», verf. 1045/438), wurde das klassische Handbuch für Religiosität und Lebensführung der islamischen Mystik (*tasawwuf*).*

1072–1092 / *465–485* Der Seldschuken-Sultan Malik-Shāh.

1074–1094 / *467–487* Badr al-Jamālī, allmächtiger Emir und Wesir von Kairo, führt den wankenden Fātimidenstaat zu neuer Blüte.

um 1075 / *467* *Tod des Sūfī al-Hujwīrī; er verfaßte die erste systematische Abhandlung über Leben und Lehren der Sūfīs in persischer Sprache.*

1075–1094 / *467–487* Kalifat des Muqtadī.

1076 / *469* Ende der Fātimidenherrschaft in Syrien: Besetzung von Damaskus durch den türkischen General Atsïz; Hilfegesuch an die Seldschuken.

1077–78/*470–471* Sulaimān ibn Qutalmïsh (Qutlumus) begründet in Nikaia (Iznik) Herrschaft der Seldschukenlinie Anatoliens (Rūm-Seldschuken, bis 1307, ab 1243 unter mongolischer Hoheit).

1078/*471* Der Seldschuke Tutush, Bruder des Sultans Malik-Shāh, erhält Vollmacht über Syrien und Palästina und verdrängt Atsïz. Linie der Seldschuken von Syrien bis 1117.

1082/*474* Der Führer der Almoraviden Yūsuf ibn Tāshufīn (1062–1106) hat in Nordafrika ein geschlossenes Herrschaftsgebiet geschaffen.

1083/*475* Alfonso VI. von Kastilien und León schlägt al-Muʿtamid von Sevilla.

1085/*477* Eroberung Toledos durch die Streitkräfte der Reconquista unter Alfonso VI. – Tod des Theologen al-Juwainī, Lehrer des Ghazāli (gest. 1111).

1086/*479* Yūsuf ibn Tāshufīn schlägt die spanischen Christen unter Alfonso VI. in der Schlacht von Zallāqa bei Badajoz. Herrschaft der Almoraviden im Andalus bis 1148.

1088/*481(?)* *Tod des Nāsir-i Khusrau, ismailitischer Theologe und Dichter aus Balkh, verfaßte inhaltsreichen Reisebericht (1045–52).*

1089/*482* Die Fātimiden nehmen Akkon, Tyrus und andere Häfen an der palästinensischen Küste ein.
Tod ʿAbdallāh al-Ansārīs, hanbalitischer Sūfī, Dichter persischer Poesie und Prosa.

1090–1124/*483–518* Hasan ibn as-Sabbāh Großmeister der militanten «Assassinen» (Nizārī-Sekte der Ismāʿīlīya) in der Festung Alamut im Elburs-Gebirge.

1090/*483* Der Almoravide Yūsuf ibn Tāshufīn beseitigt die spanischen Kleinfürsten (Mulūk at-Tawā'if) und wird Alleinherrscher des Andalus.

1091/*484* Die Seldschuken machen Bagdad zu ihrer Hauptstadt.

ab 1092/*485* Zahlreiche Aufstände von Volksmilizen (ʿAiyārūn) in Bagdad.

1092/*485* Der Seldschukenwesir Nizāmalmulk wird von den Assassinen ermordet. Nach dem Tode Malik-Shāhs wird das Seldschukenreich in Vorderasien geteilt.

1092–1107 / *485–500* Qïlïch-Arslan I. erneuert in Nikaia (Iznik) die Herrschaft der Rūm-Seldschuken in Anatolien (nach Interregnum 1086–1092). Er kämpft gegen die türkischen Dānishmendiden in Ostanatolien und gegen die Kreuzritter.

1094–1118 / *487–512* Kalifat des Mustazhir. Nach dem Tod des Emirs Badr al-Jamālī und des Fātimiden al-Mustansir beginnt der Zerfall der Fātimidenherrschaft.

1095 / *488* Tutush fällt im Krieg um die Nachfolge der Seldschuken gegen Berk-Yāruq (1094–1105 Sultan in Bagdad); seine Söhne Ridwān (bis 1113) in Aleppo, Duqāq (bis 1104) in Damaskus. Die Fātimiden besetzen Südpalästina. – Der byzantinische Kaiser Alexios sucht beim Papst Hilfe gegen die Seldschuken. – Auf dem Konzil von Clairmont predigt Papst Urban II. den Kreuzzug nach Jerusalem.

1095–1106 / *488–500* *Der Jurist und Theologe al-Ghazālī gibt sein Lehramt an der Bagdader Nizāmīya auf und schreibt in Jahren der Seklusion sein Hauptwerk «Die Wiederbelebung der Wissenschaften der Religion».*

1095–1153 / *488–548* Die Familie Sūfī stellt den Ra'īs von Damaskus.

1096 / *489* Beginn des ersten Kreuzzuges zur Eroberung Jerusalems, veranlaßt durch Papst Urban II.

1097 / *490* Die Kreuzritter siegen bei Dorylaeum (Nord-Westanatolien) über den Seldschuken Qïlïch-Arslan I. Die Kreuzritter unter Gottfried von Bouillon nehmen Nikaia (Iznik) sowie unter Tankred Tarsus ein und belagern Antiochia. – Die anatolischen Seldschuken machen Konya zu ihrer Hauptstadt. Balduin von Boulogne wird Graf von Edessa.

1098 / *491 / 492* Die Kreuzritter nehmen Antiochia ein (Bohemund von Tarent). Der Fātimidenwesir al-Afdal nimmt den Artuqiden Jerusalem.

1099 / *493* Die Kreuzritter erobern Jerusalem; Gottfried von Bouillon ist Vogt (advocatus) des Heiligen Grabes. Niederlage der Fātimiden (al-Afdal) vor der Seefestung Akkon. Ende des ersten Kreuzzuges.

ab 1100 / *494* Städtische Familien monopolisieren das Amt des Ra'īs in

Syrien und Obermesopotamien: Die Familie Nīsān herrscht in Āmid, die Familie Badī' in Aleppo.

1100–1118/*494–511* Balduin I. König von Jerusalem (1100–1187 lateinisches Königreich, in Akkon bis 1291).

1101–1130/*495–524* Herrschaft des Āmir, letzter starker Fātimidenkalif.

1104/*497* Tughtigīn, Atabeg des Seldschuken Duqāq, nach dessen Tode Herrscher von Damaskus.

1105–1118/*498–511* Vereinigung des Seldschukenreiches unter Muhammad I. ibn Malik-Shāh. Sein Bruder Sanjar regiert Ostpersien (seit 1097).

1106–1143/*500–537* 'Alī ibn Yūsuf ibn Tāshufīn Herrscher über das islamische Spanien und Nordafrika. Rückgang der Almoravidenmacht, seit 1120 im Kampf gegen die Almohadenbewegung.

1107/*500* Katastrierung und Neuvergabe der Landkonzessionen in Ägypten. Der Seldschuke Qïlïch-Arslan I. fällt am Khābūr (Obermesopotamien) im Kampf mit den Seldschuken von Irak. Die Macht seiner Nachfolger bleibt auf Zentralanatolien beschränkt (Hauptstadt Konya).

1109/*503* Christliche Fürsten vor Tripolis einigen sich in Besitzansprüchen im Orient. Das belagerte Tripolis fällt an die Kreuzritter.

1111/*505* *Tod des Ghazālī, Kritiker der spekulativen Dogmatik und der Philosophie (besonders auch der militant-schiitischen Ismā'īliya), Erneuerer der Glaubenslehre aus sunnitischer Lehrtradition und sūfischer Frömmigkeit.*

1113/*507* Aleppo bleibt nach dem Tode Ridwāns unter seinem Sohn, ab 1114 unter wechselnden Regenten (bis 1129). Saragossa fällt an das christliche Aragon.

1118/*511* Nach dem Tod Muhammads I. ibn Malik-Shāh zerfällt das Seldschukenreich endgültig in selbständige Teilstaaten der Sultane von Nischapur (Khurāsān), Bagdad (Irak und Westpersien) und Konya (Anatolien) und unabhängige Fürstentümer der Atabegs («Prinzentutoren») in Syrien, Obermesopotamien und Aserbaidschan.

1118–1157/*511–552* Sanjar, Sohn Malik-Shāhs, seit 1097 Herrscher über

Ostpersien (Chorasan), wird nach dem Tode seines Bruders Muhammad I. oberster Sultan des Seldschukenhauses. Die Ghaznawiden werden den Seldschuken tributpflichtig.

1118–1135 / *512–529* Kalifat des Mustarshid.

1120 o. 1121 / *514* Muhammad ibn Tūmart (gest. 1130), Begründer der religiösen Reformbewegung der Muwahhidūn (Almohaden), wird von den Masmūda-Berbern als Mahdī anerkannt und beginnt vom Atlas her mit seinem General ʿAbdalmu'min den Kampf gegen die Almoraviden von Marrakesch.

1122 / *516* *Tod des Harīrī, Philologe und Meister des literarischen Genres der* maqāma *(Prosagedicht).*

1124 / *518* Die fränkische und venezische Flotte nimmt Tyrus ein.

1126 / *520* *Tod des Ahmad al-Ghazālī, Bruder von Muhammad al-Ghazālī (gest. 1111), populärer sūfischer Lehrer.*

1127–1146 / *521–541* ʿImādaddīn Zangī ibn Aq-Sonqur (Atabeg des Seldschuken Mughīthaddīn Mahmūd II.), Gouverneur von Mosul und ab 1129 von Aleppo; propagiert den *jihād* (Glaubenskrieg) und eröffnet die Offensive gegen die Kreuzfahrerstaaten.

1127–1156 / *521–551* Der Chwarism-Schah Atsïz, zunächst als Gouverneur des Seldschuken Sanjar, ab 1141 unabhängig in Gurgānj.

1130–1163 / *524–558* Nach dem Tode Ibn Tūmarts verdrängt sein Kalif ʿAbdalmu'min die Almoraviden aus Marokko (1147 Eroberung von Marrakesch) und führt die Almohadenbewegung zur Herrschaft über Nordafrika (bis 1269) und Spanien (1145–1225).

1131 / *525 (?)* *Tod des Sanāʾī, erster großer Dichter der sūfischen Mystik in persischer Sprache.*

um 1131 / *526* *Tod ʿUmar-i Khaiyāms, Mathematiker, Astronom, Philosoph, Dichter epigrammatischer Vierzeiler (*rubāʿiyāt*).*

1132 / *526* *Bau der Palatina von Monreale bei Palermo durch Roger II. (bis 1140).*

1135–1136 / *529–530* Kalifat des Rāshid. Zahlreiche ʿAiyārūn-Aufstände in Bagdad.

1136–1160 / *530–555* Kalifat des Muqtafī.

1137–1175 / *531–570* Shamsaddīn Eldigüz, Atabeg der Seldschukensultane von Bagdad, begründet selbständiges Fürstentum in Aserbaidschan und Nordwestpersien (bis 1225). Die Macht der Sultane schwindet gegenüber unabhängigen Atabegs und erneuerter Autorität der Kalifen.

1138 / *532* Die Kurdengeneräle Aiyūb ibn Shādhī (Vater Saladins) und sein Bruder Shīrkūh treten in den Dienst Zangīs.

1139 / *533* *Tod des andalusischen Wesirs, Arztes und Philosophen Ibn Bājja in Fes, der die Philosophie al-Fārābīs im Westen einführte.*

1141 / *536* Niederlage der Seldschuken unter Sanjar bei Erhebung türkischer Stämme der Qara-Khitāy. Der Chwarism-Schah Atsïz (1127–1156) sucht Unabhängigkeit von Sanjar, muß aber selbst die Oberhoheit der Qara-Khitāy anerkennen.

1144 / *538* Zangī erobert Edessa von den Kreuzrittern (Comte Joscelin II.) zurück: Anlaß des Zweiten Kreuzzuges (1147–1149).
Tod az-Zamakhsharīs, Philologe und muʿtazilitischer Korankommentator in Chorasan.

1145 / *540* Die Almohaden fassen auf der Iberischen Halbinsel Fuß.

1146–1174 / *541–569* Nūraddīn Mahmūd ibn Zangī, Nachfolger seines Vaters in Aleppo und (ab 1154) in Damaskus (neben seinem Bruder Saifaddīn Ghāzī in Mosul, 1146–1149), bringt das ganze islamische Syrien unter seinen Oberbefehl und kämpft im Geiste des Heiligen Krieges und der Orthodoxie gegen Kreuzritter und Fātimiden; gebietet dem Kreuzzug Einhalt und drängt die Franken auf das Bergland westlich des Orontes und des Jordan zurück.

1147 / *541* Die Almohaden unter ʿAbdalmu'min erobern Marrakesch; Ende der Almoravidendynastie. Der Hof wird Zentrum der Künste und der Wissenschaften.

1147–1149 / *542–544* Zweiter Kreuzzug. Niederlagen der deutschen Kreuzritter (unter Konrad III.) bei Dorylaeum, der französischen (Ludwig VII.) bei Laodikaia (1148) gegen die anatolischen Seldschuken.

1148/*543* Der Zweite Kreuzzug scheitert bei vergeblicher Belagerung von Damaskus. Saifaddīn Sūrī aus Ghūr (Zentralafghanistan) führt Rachefeldzug gegen Ghazna.

1149–1169/*544–564* Der Zangide Qutbaddīn Maudūd von Mosul.

1149/*544* Nūraddīn schlägt die Antiochener (Raimund von Poitiers) bei Inab (Hisn Innib).

1150 o. 1151/*544* Der Ghūride ʿAlāʾaddīn Husain (1149–1161) zerstört Ghazna. Die Macht der letzten Ghaznawiden (bis 1186) wird auf den Pandschab beschränkt.

1152/*547* Raimund II. von Tripolis wird von Assassinen ermordet. – Salāhaddīn ibn Aiyūb (Saladin) tritt in Aleppo in den Dienst des Zangiden Nūraddīn.

1153/*548* Askalon fällt an die Franken (König Balduin III. von Jerusalem).
Tod des Theologen und Häresiographen ash-Shahrastānī.

1154/*549* Nūraddīn ibn Zangī annektiert Damaskus. Der Fātimidenkalif gewährt Pisa Handelsprivilegien.
Al-Idrīsī vollendet am Hofe Rogers II. in Sizilien seine Universalgeographie.

1156–1192/*551–588* Qïlïch-Arslan II. breitet die Herrschaft der Seldschuken in Zentralanatolien aus und verdrängt die Dānishmendiden.

1157/*552* Tod Sanjars; Auflösung des seldschukischen Sultanats. Die Chwarism-Schahs gewinnen Herrschaft über den Osten von Chorasan bis Anatolien (beendet durch die mongolische Invasion ab 1220).

1160–1170/*555–566* Kalifat des Mustanjid.

1162/### *Tod des Arztes Ibn Zuhr (Avenzoar), Hofarzt und Wesir des Almohaden ʿAbdalmuʾmin.*

1163–1168/*559–564* Übergriffe der Franken (König Amalrich, 1163–1174) auf das von inneren Unruhen erschütterte Ägypten; Bündnis mit dem Fātimidenwesir Shāwar. Nūraddīn entsendet 1164 und erneut 1167 den Kurdengeneral Shīrkūh und dessen Neffen Salāhaddīn (Saladin).

1163–1184/*558–580* Der Almohade Abū Yaʿqūb Yūsuf I., Nachfolger ʿAbdalmu'mins; Verteidiger des Islams gegen die Reconquista in Portugal und Spanien; Förderer von Dichtern, Philosophen und Ärzten an den Höfen in Sevilla und Marrakesch.

1164/*559* Hasan II., Großmeister der persischen Nizārīya (Assassinen) von Alamut, läßt sich auf einem «Fest der Auferstehung» als Imam huldigen und proklamiert die Abschaffung des islamischen Gesetzes.

1166/*561* *Tod des Predigers und Ṣūfīs ʿAbdalqādir al-Jīlānī in Bagdad; er versöhnte die traditionalistische Gesetzesreligion der Hanbaliten mit dem ekstatischen Individualismus der Mystiker. Nach ihm die Ordenslehre der Qādirīya.*

1168–1169/*564* Auf Hilferuf des Fātimiden al-ʿĀdid dritter Feldzug der Aiyūbidengeneräle Shīrkūh und Saladin nach Ägypten. Nach dem Rückzug der Franken und dem Tode Shāwars wird zunächst Shīrkūh, nach dessen Tod Saladin Wesir des ʿĀdid.

1169/*565* *Tod des persischen Dichters Anwarī, Meister der Panegyrik, zeitweilig Hofdichter des Seldschukensultans Sanjar (gest. 1157/532).*

1170–1180/*566–575* Kalifat des Mustaḍī'.
Bau der Almohaden-Moschee in Sevilla mit ihrem Minarett, der jetzigen Giralda.

1171/*566* Nūraddīn besetzt Mosul. Saladin proklamiert das ʿAbbāsidenkalifat in Ägypten. Mit dem Tode des letzten Fātimiden al-ʿĀdid endet das ismailitische Gegenkalifat. Saladin bricht mit den Zangiden und etabliert das Sultanat der Aiyūbiden (bis 1250).

1171–1193/*566–589* Herrschaft Saladins. Neuaufbau der ägyptischen Marine. Ausschluß der Europäer vom Handel über das Rote Meer; Unterstützung des ägyptischen Indienhandels. Förderung sunnitischer Lehrinstitutionen.

1172/*567* Die Almohaden unter Abū Yaʿqūb Yūsuf I. belagern vergeblich Huete.

1173/*568* Pisa erhält Handelsprivilegien in Alexandria.

1174/*569* Tod Nūraddīns. Saladin besetzt Damaskus, eröffnet Offensive gegen die Zangiden von Nordsyrien. Balduin IV. wird König von Jerusalem.

1175/*570–571* Der Kalif al-Mustaḍī' verleiht Saladin das Sultanat über Ägypten, Palästina und Syrien. Waffenstillstand mit Jerusalem.

1176/*572* Schlacht bei Myriokephalon: Vernichtung des byzantinischen Heeres unter Manuel I. Komnenos durch die Rum-Seldschuken.

1176–1181 Neukatastrierung des Landes in Ägypten, Neuvergabe in Form von Militärlehen *(iqta)* und Kronprivilegien.

1179/*575* Wiederaufnahme des *jihād:* Saladin schlägt (nach Mißerfolg bei Tall as-Sāfiya [Mont Giscard nahe Ramla] *1177)* ein Kreuzritterheer unter Balduin IV. bei Marj ʿUyūn. Ägyptischer Flottenangriff auf Akkon. 1180 neuer Waffenstillstand.

1180–1225/*575–622* Kalifat des Nāsir; er eint und erneuert die Futūwa-Bewegung (ritterliche Männerbünde) zu einer staatstragenden Organisation unter seiner Kontrolle und führt mit ihrer Hilfe das Bagdader Kalifat zu seiner letzten Blüte.

1182/*578* Offensive Saladins gegen Mosul.

1183/*578* Rainald von Châtillon (Herr von Karak und Shaubak) führt gegen Mekka gerichteten Angriff auf Häfen am Roten Meer, wird von der ägyptischen Flotte vernichtend geschlagen. Saladin verdrängt die letzten Zangiden aus Aleppo.
Ibn Rushd (Averroes) wird Leibarzt des Almohaden Abū Yaʿqūb Yūsuf I. und Oberkadi von Cordoba.

1184/*580* Der Almohade Yūsuf I. fällt nach vergeblicher Belagerung von Santarem (Portugal). Sein Nachfolger ist Abū Yūsuf Yaʿqūb al-Mansūr (1184–99).

1185/*581* Waffenstillstand zwischen Saladin und Raimund III. von St. Gilles (Tripolis und Tiberias). Saladin erhält freie Hand gegen Mosul und wird durch Vertrag 1186 Oberherr der Jazīra.
Tod des Arztes und Philosophen Ibn Tufail, Vorläufer und Gönner Ibn Rushds in Cordoba.

1187/*583* Die Ghūriden vernichten die Ghaznawiden am Pandschab und übernehmen ihre Domänen in Ostafghanistan. Ghiyāthaddīn Muhammad (1163–1203 in Ghur) führt die Expansion nach Chorasan, sein Bruder Muʿizzaddīn Muhammad (1173–1206 in Ghazna) erobert Nordindien. –

Saladin schlägt das Kreuzritterheer vernichtend bei Hittīn (westlich des Sees Genezareth), nimmt König Guido von Jerusalem gefangen und exekutiert Rainald von Karak. Nach Siegeszug durch das palästinensisch-libanesische Litoral belagert und erobert er Jerusalem.
ʿAttār, persischer mystischer Dichter (gest. 1190 oder später), verfaßt das allegorische Versepos Mantiq at-tair.

1188–1192 / *583–588* Dritter Kreuzzug, veranlaßt durch den Fall Jerusalems.

1190 / *585* Die deutschen Kreuzritter unter Friedrich I. Barbarossa schlagen die anatolischen Seldschuken und erobern Konya. Barbarossa ertrinkt im Kalykadnos (Gök Su) in Kilikien.

1191 / *587* Richard I. von England und Philipp II. von Frankreich erobern Akkon nach dreijähriger Belagerung durch die Kreuzfahrer.
*Yahyā as-Suhrawardī, Sūfī und Lehrer einer gnostischen Kosmologie und Erleuchtungsphilosophie (*hikmat al-ishraq*), wird der Häresie beschuldigt und auf Befehl Saladins hingerichtet.*

1192 / *587* Die Ghūriden nehmen Delhi ein.

1193 / *589* Tod Saladins in Jerusalem; Teilung seines Reiches.

1194 / *590* Der Chwarism-Schah Tekish besiegt den letzten Seldschukensultan Persiens.

1195 / *591* Der Almohade Abū Yūsuf Yaʿqūb al-Mansūr erringt bei Alarcos einen bedeutenden Sieg über die Kastilier.

1196–1549 / *592–956* Die Berberdynastie der Marīniden in Marokko (bis 1269 neben den Almohaden).

1198 / *595* *Tod des Abū-Walīd Ibn Rushd (Averroes), andalusischer Kadi, Arzt und Philosoph in aristotelischerTradition, Verfasser bedeutender Kommentare zu den Werken des Aristoteles. – Vollendung der Almohaden-Moschee in Sevilla.*

1199–1214 / *595–611* Der Almohade Muhammad an-Nāsir in Nordafrika und Spanien. Erfolge der Reconquista.

1200–1220 / *596–617* Unter dem Chwarism-Schah ʿAlāʾaddīn Muhammad erlebt sein Reich höchste Blüte (Restauration iranischer Monarchie, Konflikt mit dem Kalifen an-Nāsir) vor dem Zusammenbruch durch den Mongolensturm.

1200–1218 / *596–615* Saladins Bruder al-Malik al-ʿĀdil Sultan von Ägypten und Syrien.

1201–1202 / *597–598* Pest in Ägypten; starker Bevölkerungsrückgang.

1202–1204 / *598–600* Vierter Kreuzzug führt zur Errichtung des lateinisches Kaisertums in Konstantinopel.

1204–1227 / *601–624* Temujin (Chingiz) begründet das mongolische Reich.

1204 / *601* Eroberung Konstantinopels durch die Kreuzfahrer.
Der jüdisch-arabische Arzt, Philosoph und Religionslehrer Maimonides aus Cordoba stirbt in Fustāt bei Kairo.

1206–1210 / *602–607* Qutbaddīn Aibak, General des Ghūriden Muʿizzaddīn, begründet das Sultanat von Delhi («Sklavenkönige», bis 1290).

1206 / *602* Temujin wird als oberster Herr der Mongolen anerkannt und erhält den Titel Chingiz-Khān.

1208 / *604* Sultan al-ʿĀdil von Ägypten gewährt Venedig Handelsprivilegien. Handelsvertrag zwischen Venedig und dem Aiyūbiden von Aleppo.

1209 / *605* *Tod des Theologen Fakhraddīn ar-Rāzī, Verteidiger der Sunna und der Methoden des Ashʿarī, in Herāt.*
Tod des persischen Dichters Nizāmī von Ganja, bedeutender Autor romantischer Versepen.

1212 / *609* Peter II. von Aragon besiegt die Almohaden in der Schlacht von Las Navas de Tolosa. Die Reconquista führt zum Rückzug der Almohaden aus Spanien (1225).

1215 / *612* Die Mongolen dringen in Nordchina ein und erobern Peking.

1218 / *614* Mongolische Invasion nach Turkestan (Semirečye). Der Chwarism-Schah ʿAlāʾaddin Muhammad läßt in Otrar am Jaxartes Gesandte Chingiz-Khāns hinrichten. Der Vergeltungsschlag bringt Chwarism und Transoxanien in die Hand der Mongolen (1219–1220) und eröffnet die mongolische Invasion des Mittleren und Nahen Ostens.

1218–1238/*615–635* Nach dem Tode des Malik al-ʿĀdil Teilung des Aiyūbidenreiches. Al-Malik al-Kāmil Sultan von Ägypten: Politik der Koexistenz mit den Franken. Bedrohung der Aiyūbiden des Nordens (al-Jazīra) durch Rūm-Seldschuken und Chwarism-Schahs.

1219/*616* Damiette fällt an die Kreuzfahrer, 1221 von al-Kāmil zurückerobert.

1219–1237/*616–634* ʿAlāʾaddīn Kaiqubādh I. Glanzzeit Konyas als Hauptstadt der Rum-Seldschuken.

1220 o. 1221/*617* Die Mongolen erobern Chorasan und Chwarism. Der letzte Chwarism-Schah Jalāladdīn (1230–1231) wird nach Indien verfolgt und verbringt seine letzten Jahre auf der Flucht nach Westen bis zum Tod in Aserbaidschan.

1221/*618* *Tod des Sūfī Najmaddīn Kubra (beim Mongoleneinfall in Chwarism), Schüler von ʿAbdalqāhir al-Suhrawardī (gest. 1168); Lehrautorität des Kubrawīya-Ordens.*

1223/*620* Die Mongolen unter Jebe schlagen Russen und Komanen an der Kalka. Bürger- und Thronfolgekriege leiten den Zerfall der Almohadendynastie ein. Es beginnt der Aufstieg konkurrierender Dynastien in Nordafrika.

1225/*622* Die Almohaden verlassen die Iberische Halbinsel; das islamische Spanien wird auf das kleine Reich der Nasriden von Granada (1230–1492) reduziert.

1225–1226/*622–623* Kalifat des Zāhir.

1226–1242/*623–640* Kalifat des Mustansir.

1227/*624* Tod Chingiz-Khāns und Reichsteilung: Ögedey (1229–1241) wird Großkhan der Mongolen in Karakorum und vollendet die Eroberung von Nordchina. Batu (1227–1255, Khan der Blauen Horde, des Kerns der späteren Goldenen Horde) herrscht in Chwarism und der kiptschakischen Steppe (Südrußland); Orda (1226–1280, Weiße Horde) in Westsibirien; Chaghatay (1229–1241) in Transoxanien und Ostturkestan; Toluy in der Mongolei.

1228/*626* Friedrich II. (1212–50), von Papst Gregor IX. gebannt, beginnt Kreuzzug.

1229–1574 / *627–982* Die Hafsiden herrschen als Erben der Almohaden in Ifrīqiya (Tunesien und Ostalgerien), beginnend mit Abū Zakarīyā Yahyā I., reg. 1228–49 (ab 1237 unabhängig).

1229 / 627 Der Aiyūbide al-Malik al-Kāmil tritt Jerusalem durch einen Vertrag mit dem Stauffer Friedrich II. an die Franken ab.
Tod des Bagdader Gelehrten Yāqūt; er verfaßte ein biographisches und geographisches Lexikon von hohem Wert.

1230–1272 / *629–671* In Granada etabliert Muhammad I. ibn al-Ahmar das Haus der Nasriden (Banū l-Ahmar), die letzte islamische Dynastie in Spanien (bis 1492).
Bau der Alhambra («Rote Burg»), letzter Höhepunkt islamischer Architektur in Andalusien.

1233 / *630* *Tod des Mosuler Historikers Ibn al-Athīr, Verfasser einer monumentalen Weltgeschichte.*

1234 / *631* Badraddīn Lu'lu' wird nach dem Tode des letzten Zangiden Atabeg von Mosul.

1234 / *632* *Tod des Abū Hafs 'Umar as-Suhrawardī, als Sūfī Lehrer des Kalifen an-Nāsir, Begründer des mystischen Ordens der Suhrawardīya.*

1235 / *632* *Tod des Ibn al-Fārid, bedeutender sūfischer Dichter in arabischer Sprache.*

1236 / *633* Cordoba ergibt sich den Kastiliern unter Ferdinand III.

1236–1555 / *633–962* Die Dynastie der 'Abdalwādiden in Tlemcen; Kampf um Gebiets- und Hoheitsansprüche mit den Hafsiden von Tunis und den Marīniden von Fes.

1237–1241 / *634–639* Der größte Teil Rußlands wird von den Mongolen unterworfen (1240 Fall Kievs).

1238 / *635* Tod des Aiyūbiden al-Malik al-Kāmil; es kommt zu Nachfolgekämpfen unter den Aiyūbiden.

1240 / *638* Derwischaufstand des Bābā Ishāq gegen die Seldschuken in Anatolien.
Der spanische Sūfī Ibn al-'Arabī aus Murcia stirbt in Damaskus. Seine

mystische Philosophie stellt eine Theorie der mystischen Illumination (ishrāq) *auf die Grundlage eines pantheistischen Monismus.*

1240–1255 / *637–653* Batu, ein Enkel Chingiz-Khāns, ist Herrscher der Goldenen Horde.

1241 / *639* Schlacht auf der Walstatt bei Liegnitz: Mongolen der Goldenen Horde besiegen ein aus deutschen Rittern und Polen zusammengesetztes Heer und verwüsten Ungarn. Durch den Tod des Großkhans Ögedey werden sie zum Rückzug veranlaßt.

1242 o. 1243 / *641* Invasion der Mongolen in Anatolien. Niederlage der Rum-Seldschuken am Köse Dag (1243).

1242–1258 / *640–656* Kalifat des Musta'sim, des letzten 'Abbāsidenkalifen.

1244 / *642* Eine Armee chwarismischer Türken (auf dem Rückzug vor den Mongolen nach Mesopotamien verschlagen) wird von dem Aiyūbiden al-Malik as-Sālih Najmaddīn zum Kampf gegen seinen Rivalen al-Malik as-Sālih 'Imādaddīn nach Syrien gerufen, plündert Jerusalem und beendet die fränkische Herrschaft.

1246–1249 / *644–647* Güyük mongolischer Großkhan.

1248 / *645* Die kastilischen Christen nehmen Sevilla ein.

1249 o. 1250 / *647* Kreuzzug Ludwigs IX. des Heiligen; die französischen Kreuzritter nehmen Damiette, müssen jedoch nach schweren Rückschlägen den Rückzug nach Akkon antreten.

1250 / *648* Der Aiyūbidensultan von Ägypten, Tūrān-Shāh, von der türkischen Soldateska ermordet. Der Mamlūk 'Izzaddīn heiratet die Witwe und Sultanin Shajar-ad-Durr und begründet den Mamlūkenstaat in Ägypten und Syrien (1250–1517).

1251–1259 / *649–658* Möngke, Sohn Toluys, Großkhan der Mongolen in Karakorum. Sein Bruder Hülegü führt neue mongolische Offensive gegen Westasien.

1253–1256 Wilhelm von Rubruck, ein niederdeutscher Franziskaner, reist als Gesandter des Papstes und Ludwigs des Heiligen von Frankreich zum Großkhan Möngke nach Karakorum.

1256–1259 / *654–657* Hülegü, ein Enkel Chingiz-Khāns, erobert Transoxanien, Iran und den Irak, zerstört 1256 die Assassinenfeste Alamut im Elbursgebirge und begründet die Mongolendynastie der Īlkhāne in Iran (bis 1353).

1256 / *655* Batu, Khan der Goldenen Horde, stirbt.

1257–1266 / *655–665* Batus Nachfolger Berke, Bruder Hülegüs, wird Muslim; Entente mit den Mamlūken in Ägypten, Gegensatz zu den buddhistischen Īlkhānen.

Die Mongolenzeit

Der Mongolensturm und der islamische Osten (13.–15. Jh.)

Die Invasion mongolischer Stämme aus Zentralasien erfaßt und verändert den weiten Raum vom Fernen Osten bis zum Balkan. Die islamische Welt erlebt im Mongolensturm eine elementare Bedrohung durch nichtislamische Feinde. Eine jahrhundertealte gesellschaftliche und wirtschaftliche, religiöse und kulturelle Entwicklung wird gefährdet und vielerorts endgültig abgeschnitten. Insoweit ist der Sturz des Bagdader Kalifats durch Hülegü (1258) ein markantes Epochendatum.
Der Prozeß der Beduinisierung durch türkische Stämme, die in der Mongolenarmee (oder durch sie verdrängt) erneut nach dem iranischen und dem anatolischen Plateau einströmten, wird verstärkt, der ethnische Charakter ganzer Regionen für immer verändert; die Städte und ihre Kultur werden gefährdete Inseln. Innerhalb des Reichs der Mongolen und dort, wo sie auf Widerstand stoßen, zeichnen sich neue Demarkationslinien ab. Schließlich hat die mongolische Invasion nicht nur unmittelbar die Verbreitung türkischer Völker über ganz Westasien vollendet, sondern mittelbar durch den Zusammenbruch des Seldschukenreiches den Aufstieg seiner Nachfolger in Anatolien, damit schließlich auch des Osmanenreiches ermöglicht.
Tiefer als je zuvor wird die Trennung zwischen der arabischen Welt und der iranischen Sphäre; denn der iranischen fügen sich nach der Bekehrung der Īlkhāne zum Islam (Mahmūd Ghazan, 1295–1304) in Staatseinrichtung, Sprache und Kultur die mongolischen wie die türkischen Herren Irans und Kleinasiens, Innerasiens und Indiens ein.
Während die mongolische Herrschaft im Fernen Osten den Buddhismus fördert, sind die Mongolen Irans klug genug, die Religion ihrer muslimischen Untertanen im iranischen Raum anzunehmen, und vermitteln so den Islam auch nach Innerasien (selbst die Goldene Horde in Rußland bekehrt sich

zum Islam). Sie vereiteln damit die Hoffnungen Europas, mit Diplomatie und Mission das asiatische Christentum unter den Türken (unter den Uighuren hatte es bereits Fuß gefaßt) und den Mongolen nachhaltig zu stärken; das Christentum in Asien sinkt zur verstreuten Minderheit herab.
Gemeinsame Rivalität mit den islamischen Mächten des Vorderen Orients führt zur Anknüpfung diplomatischer Beziehungen zwischen Europa und dem Mongolenreich, öffnet Asien und den Fernen Osten den europäischen Händlern und Reisenden und ermöglicht weitreichende Handels- und Kulturkontakte – von Europa nach dem Ende der Pax Mongolica aus eigener Initiative und auf neuen Wegen fortgeführt.

Die Mamlūken (1250–1517). Aufstieg des Osmanischen Reiches

Das Zentrum der arabisch-islamischen Kultur rückt aus dem ruinierten Irak endgültig nach dem Westen des Vorderen Orients, nach Kairo und Damaskus. Der Staat der Mamlūken schafft mit dem Sieg über das Mongolenheer in Palästina (ʿAin Jālūt, 1260) und mit der endgültigen Zerschlagung der Kreuzfahrerstaaten am syrisch-palästinensischen Litoral die Voraussetzungen einer zweihundertjährigen stabilen Herrschaft im Nahen Osten und einer zwar nicht schöpferischen, aber durch Konsolidierung der Tradition und Sammlung des Wissens ausgezeichneten Spätblüte der Kultur des sunnitischen Islams.
Nach dem Vorgang der Seldschuken und der Aiyūbiden – als deren Militärsklaven sie den Weg zur Herrschaft in Ägypten und Syrien antreten – begründen die Mamlūken ihre Autorität auf Legitimation durch die Institution der sunnitischen Orthodoxie (symbolisiert im ʿabbāsidischen «Schattenkalifat» von Kairo), ihre Macht auf die Institution der Militäraristokratie aus türkischen Leibeigenen *(mamlūk)*, ihren Staatshaushalt auf das *iqtāʿ*-Lehen aus Steuerdomänen.
In der Zeit seines Verfalls stößt der Mamlūkenstaat – zunächst noch siegreich (1491) – an die expandierende Macht der Osmanen, die nach langer Rivalität seine Domänen im Vorderen Orient übernehmen (1516–1517). Seit dem 14. Jahrhundert hat der Aufstieg des Fürstentums der Osmanen in Westanatolien und auf dem Balkan begonnen, von dem Mongolen Timur zerschlagen (1402), doch in wenigen Jahrzehnten wieder erstanden. In ihrer Frühzeit getragen vom Geist der *ghāzīs* («Kämpfer» für den Glauben), der seit der Zeit der Grenzkriege im Oxus und Jaxartes die Turkmenen in Zentralasien, nun aber im Kampf gegen Byzanz und den christlichen Balkan beseelte, übernehmen endlich auch sie die imperiale Staatsidee und Organisation ihrer Vorgänger im Reich des arabischen Kalifats.

Die letzten Berberdynastien (Mitte 13. bis Mitte 16. Jh.)

Mit dem Almohadenreich bricht 1269 das letzte große, Nordafrika und Spanien umfassende Imperium des westlichen Islams zusammen. In Spanien bleibt das Fürstentum der Nasriden von Granada als glänzende Bastion des Islams, bis auch sie vor dem Angriff der vereinigten christlichen Fürsten erliegt (1492).
Nordafrika wird unter drei Berberdynastien aufgeteilt: den Marīniden (1269–1465) in Fes, den ʿAbdalwādiden (1236–1554) in Tlemcen und den Hafsiden (1229–1569) in Tunis. Die Hafsiden errichten noch einmal eine nominelle Hegemonie in Nordafrika, können jedoch in Ermangelung einer starken Zentralorganisation keine wirksame Kontrolle ausüben. Im ganzen Magrib bleibt das unstete Gleichgewicht zwischen unbotmäßigen Stammesverbänden und dem auf die Städte und ihr Umland beschränkten, pazifizierten Kronland (zwischen *bilād as-sāʾiba* und *bilād al-makhzan*) bestimmend.

1258/*656* Hülegü erobert Bagdad; Ermordung des Kalifen, Untergang des ʿAbbāsidenkalifats. Hauptstadt des Īlkhān-Reiches wird Tabriz.
Tod des Shādhilī, Gründer eines sūfischen Ordens.

1259/*657* Die Mongolen belagern und zerstören Aleppo und erobern Damaskus (unter dem General Kitbugha). Tod Möngkes; Hülegü kehrt nach Karakorum zurück. Qubilai wird Großkhan (Eroberer Chinas, 1279–80). Die Mamlūken unter Baibars (1260–77) schlagen die Mongolen bei ʿAin Jālūt (Goliathsquelle, nördlich von Jerusalem) und gebieten dem Mongolensturm Einhalt.

1261/659 Handelsvertrag zwischen Ägypten und Byzanz über den Transit von Militärsklaven vom Schwarzen Meer ins Mamlūkenreich.

1261–1320/*659–720* Das seldschukische Anatolien zerfällt in selbständige Emirate und löst sich von der Kontrolle durch die mongolischen Īlkhāne. Es entstehen die Ghāzī-Fürstentümer in Karien (Mentese-Bey, 1261); um Karaman (Laranda) in Zentral- und Südanatolien (Qaramān-Türken, seit den sechziger Jahren); um Kütahya und Denizli (Germiyan-Türken, Ende 13. Jh.); in Bithynien (Osman, 1281); um Aydin (Tralleis) und Birge (Pyrgion) im Menderes-Tal (Aydïn-Türken, 1308); um Manisa (Magnesia) im Gediz-(Hermos-)Tal (Sarukhāan-Bey, 1313); in Mysien (Qarasï-Türken).

1265–1271/*663–670* Eine mamlūkische Offensive gegen die Kreuzritter führt zum Ende der meisten fränkischen Besitztümer in Palästina und Syrien.

1265–1282 / *663–680* Nach dem Tode des Mongolen Hülegü etabliert sein Sohn Abaqa die Dynastie der Īlkhāne in Iran. Es kommt zu Kämpfen mit der Goldenen Horde im Nordosten und mit den Mamlūken im Südwesten.

1267–80 / *665–679* Möngke Temür, nach dem Muslim Berke wieder Anhänger des Stammes-Schamanismus, wird Chan der Goldenen Horde.

1268 / *666* Mamlūken unter Baibars erobern und plündern Antiochia.

1269 o. 1270 / 668 *o. 669* *Tod des andalusischen Philosophen und Sūfī Ibn Sabʿīn.*

1269–1465 / *668–869* Die Dynastie der Marīniden – nach ihrem Aufstieg südlich des Atlas seit 1196 und nach ihrer Expansion nach Norden mit der Hauptstadt Fes seit 1248 – verdrängt die Almohaden aus Marokko (1470–1549 Linie der Wattāsiden).

1270 / *668* Kreuzzug Ludwigs IX. mit den französischen Kreuzittern gegen Tunis. Angriff auf Karthago; nach Ludwigs Tod Vertragsschluß und Abzug.

1270 o. 1271 / *669* *Der Damaszener Jurist und Traditionsgelehrte an-Nawawī (gest. 1277/676) schreibt das fortan angesehenste Handbuch des schafiitischen Rechts, «Führer der Wissenssucher» (*Minhāj al-tālibīn*).*

1270–1272 / *668–671* Eduard von England führt einen Kreuzzug nach Tunesien und Palästina.

1271 / *669* Baibars belagert und erobert die Johanniterburg Krak des Chevaliers im Nordlibanon.

1273 / 672 *Tod des Sūfī Jalāladdīn Rūmī in Konya, Verfasser mystischer Lehrgedichte in persischer Sprache. Der Mevleviye-Orden (Orden der «Tanzenden Derwische») wurde nach seiner Lehre begründet.*

1274 / 672 *Tod des andalusischen Dichters und Historikers Ibn Saʿīd. Tod des Nasīraddīn at-Tūsī, Philosoph, schiitischer Theologe und bedeutender Astronom; er diente den Assassinen und nach deren Ende (1256) den Mongolen.*

1277 / *675* Der Mamlūk Baibars schlägt ein seldschukisch-mongolisches Heer in Kleinasien (Elbistan) und nimmt Caesarea (Kappadokien) ein.

1280–1290 / *678–689* Qalāwūn Sultan der Mamlūken; vollendet die Vertreibung der Franken aus Syrien.

1281 / *680* Die Mamlūken unter Qalāwūn verteidigen bei Hims Syrien gegen die Mongolen.

1281–1326 / *679–727* ʿOsmān I. ibn Ertoghril (Osman Ghāzī) errichtet das osmanische Fürstentum in Bithynien.

1282 / *681* *Tod des Ibn Khallikān, Verfasser eines biographischen Lexikons bedeutender Männer der islamischen Geschichte und Kultur (1274).*

1284–1291 / *683–690* Der Īlkhān Arghun, Sohn Abaqas, versucht in Iran den Buddhismus durchzusetzen; er stirbt während eines Volksaufstandes.

1286 / *685* *Tod des Schiraser Kadis al-Baidāwī, der eine vielgelesene «orthodoxe» Bearbeitung des Korankommentars von al-Zamakhsharī verfaßte (gest. 1144).*

1289 / *688* Die Mamlūken entreißen Tripoli den Kreuzfahrern.
Tod des Sūfī ʿIrāqī, von Ibn al-ʿArabī beeinflußter Dichter mystischer Ekstase.

1290 / *689* Qalāwūn stirbt auf Feldzug gegen Akkon; Nachfolger ist sein Sohn al-Ashraf Khalīl (1290–94).

1290–1320 / *689–720* Khaljī-Sultane von Delhi; in ihrer Nachfolge dehnen Tughluq-Shāh und seine ersten Nachkommen 1320–51 die Herrschaft des Sultanats von Delhi über den größten Teil Nord- und Zentralindiens aus.

1291 / *690* Akkon, der letzte europäische Stützpunkt in Palästina, wird von den Mamlūken unter Khalil zurückerobert; Ende des Königreichs von Jerusalem und der übrigen fränkischen Besitzungen in Syrien.

1292 / *691* *Tod des persischen Dichters Saʿdi aus Schiras, Meister lyrischer und ethisch-didaktischer Poesie und Reimprosa.*

1293 / *693* Nach der Ermordung Khalils kommt es zum Thronstreit unter den Mamlūken. Nachfolger wird an-Nasir Muhammad, Sohn Qalāwūns (reg. 1294–95, 1299–1309, 1309–40).

1294/*693* *Versuch der Einführung von Papiergeld durch die Īlkhāne führt zum Zusammenbruch der iranischen Wirtschaft.*

1295–1304/*694–713* Gazan, Arguns Sohn, wird 1295 sunnitischer Muslim; die Īlkhāne werden zur nationalen Dynastie Irans. Ordnung und neuer Aufschwung des Wirtschaftslebens. Reformprogramm seines Ministers, des Arztes und Geschichtsschreibers Rashīdaddīn Fadlallāh (1247–1318).

1296–1316/*695–715* Sultan Ala'addin Muhammad von Delhi, erobert westlichen und südlichen Dekkan.

1298/*697* Neuverteilung der ägyptischen Militärlehen zugunsten des Kronlandes scheitert am Widerstand der Mamlūken; 1299 Ermordung des Sultans Lājīn (1296–1299/696–698).

1299/*698* Mongolische Invasion und vorübergehende Besetzung Syriens.

1301/*700* ʿOsmān belagert Iznik (Nikaia) und besiegt ein byzantinisches Heer bei Baphaeon. Wachsende Scharen von türkischen Glaubenskämpfern um ʿOsmān in den kleinasiatischen Küstengebieten des Marmarameeres; die Osmanlis werden zur Bedrohung für Byzanz und für die mongolische Souveränität in Anatolien. – Scheich Safīyaddīn gründet in Aserbaidschan den Derwischorden der Safawiden.

1303/*702* Die letzte mongolische Invasion nach Syrien wird von den Mamlūken zurückgeschlagen.

1304–1316/*704–716* Der Īlkhān Öljeytü, Bruder Ghazans; baut 1307 die neue Hauptstadt Sultaniya. Er wird 1310 Schiit.

1308/*708* Die Aydin-Türken erobern Birge (Pyrgion); Herrschaft in Westanatolien bis Izmir (Smyrna). Tod des letzten Seldschuken Masʿūd III.

1310/*710* *Tod des hanafitischen Juristen und Theologen an-Nasafī.*

1311/*710* *Tod des Qutbaddīn Shīrāzī, Astronom und Mitarbeiter Nāsiraddīn at-Tūsīs; er arbeitete Tūsīs Revision des ptolemäischen Planetenmodells aus und verfaßte eine philosophische Summa in persischer Sprache.*

1312/*712* *Wassāf wird Hofhistoriker des Mongolen Öljeytü in Sultāniya.*

1313/*713* Sārukhān-Bey erobert Manisa (Magnesia); unabhängiges Fürstentum im Gediz-Tal.

1313–1341/*713–742* Özbeg, Khan der Goldenen Horde, nimmt den Islam an. Ausbreitung der islamischen Kultur in der Hauptstadt Sarai.

1315/*715* Der Missionar Ramon Lull (Raimundus Lullus), um das Religionsgespräch zwischen Christentum und Islam bemüht, wird in Bougie (Algerien) zu Tode gesteinigt.

1315/*715* Neukatastrierung und Umverteilung der ägyptischen Militärlehen *(iqṭāʿ)* durch Sultan an-Nāsir: Ausweitung des Kronlandes, Entmachtung der Mamlūken.

1316–1335/*716–736* Der Īlkhān Abū Saʿid, wieder Anhänger des sunnitischen Islams.

1318/*718* *Tod des Rashīdaddīn, Wesir des Mongolen Gazan. In seiner «Universalgeschichte» gibt er ein Gesamtbild der islamischen Reiche, des christlichen Abendlandes, Indiens und Chinas sowie des Judentums.*

1320–1325/*720–725* Ghiyāthaddīn Tughluq-Shāh, Sultan von Delhi, stellt islamische Herrschaft über den Dekkan wieder her.

1320/*720* *Tod des Yūnus Emre, türkischer Sūfī und Volksdichter.*
Tod des Astronomen und Optikers Kamāladdīn al-Fārisī, Schüler des Qutbaddīn Shīrāzī (1236–1311). – Tod Nizārīs, schiitischer panegyrischer Dichter und Reisender.

1323/*723* Der Īlkhān Abū Saʿid schließt Frieden zwischen Mongolen und Mamlūken.

1325/725 *Tod des Theologen und Philosophen al-ʿAllāma al-Hillī, Schüler des Tūsī, Systematiker der schiitischen Imamatslehre. Tod des Amīr i-Khusrau von Delhi, Begründer der indisch-persischen Dichtung. Tod des Nizāmaddīn Auliyāʾ von Delhi, indisch-persischer Sūfī und Hauptgründer der Chishtīya, des verbreitetsten Sūfī-Ordens in Indien.*

1324–1351/*724–752* Muhammad Tughluq Sultan von Delhi; fiskalische und politische Experimente und militärische Abenteuer führen zur Schwächung der Herrschaft im Dekkan.

1325–1353 / *725–754* *Der Reisende Ibn Battūta aus Tanger besucht den Vorderen Orient, Ost- und Innerafrika, Kleinasien und die Territorien der Goldenen Horde, Transoxanien, Indien, Südostasien und China.*

1326 / *726* Tod ʿOsmāns nach der Eroberung Bursas durch seinen Sohn und Nachfolger Orkhan (1326–61); dieser bildet das osmanische Fürstentum um die Hauptstadt Bursa zu einem Staat aus und beginnt die osmanische Expansion nach Europa (1354).

1326–1334 / *726–734* Der Chaghatayide Tarmashīrīn tritt zum sunnitischen Islam über und befördert damit die Ausbreitung des Islams in Innerasien. In der Folgezeit (1334–1360) scheidet sich Innerasien in eine westliche Hälfte (Transoxanien) mit vorwiegend feudaler Struktur auf islamischer Grundlage und in einen Ostteil unter monarchischer Führung bei geringem Einfluß des Islams.

1328 / *728* *Tod des Ibn Taimīya, hanbalitischer Jurist und Theologe, Hauptexponent des traditionalistisch-orthodoxen Islams, wird durch seiner pragmatische Rechtsexegese einflußreiche Autorität bis in die Gegenwart.*

1331 / *731* Orkhan besetzt Nikaia (Iznik) und dehnt seine Herrschaft bis nach Skutari nahe Konstantinopel aus.

1332–1345 / *733–746* Feldzüge der Aydin-Türken unter Umur-Bey auf dem Balkan.

1333–1340 / *733–741* Die marokkanische Dynastie der Marīniden herrscht in Spanien; mit der Besetzung des westlichen Nordafrika (1347–1349) beherrschen die Marīniden Abūl-Hasan und Abū Inān vorübergehend den westlichen und den zentralen Magrib.

1333–1354 / *733–755* Der Nasride Yūsuf I.; Bau der Alhambra in Granada vollendet von seinem Sohn Muhammad V. (1354–1391).

1335 / *736* Tod des Īlkhāns Abū Saʿīd; 1335–53 Zerfall des Staates der Īlkhāne unter rivalisierenden Lokaldynastien.

1336–1411 / *737–814* Militärhegemonie der mongolischen Jalāyiriden im Irak und in Aserbaidschan; Konflikte mit der Familie der Muzaffariden bis 1393 in Fars und im persischen Irak.

1336–1576 / *736–984* Die Könige von Bengal, zunächst Gouverneure des

Sultanats von Delhi, herrschen unabhängig; ein großer Teil ist Ostbengalens zum Islam bekehrt.

1337 / ***737*** Erster vergeblicher Landungsversuch der Osmanen in Thrakien.

1337–1381 / ***737–783*** Die Sarbadaren – eine populäre schiitische Bewegung – halten sich gegen die Herrschaft der Kurt-Dynastie von Herāt in West-Chorasan; beide werden von Timur vernichtet.

1341 / ***741*** Tod des Mamlūken al-Malik an-Nāsir Muhammed.

1341 / ***741*** Jānī-Beg, Khan der Goldenen Horde, erlebt den Zusammenbruch des Īlkhān-Reiches im Iran; vergeblicher Versuch, aus dem Erbe Aserbaidschan zur Goldenen Horde zu schlagen.

1345 / ***745*** Die Osmanen annektieren das Fürstentum von Qarasi an der kleinasiatischen Westküste.

1346 / ***746*** Orkhans Heirat mit Theodora, Tochter des byzantinischen Prätendenten Johannes VI. Kantakuzenos.

1347–1350 / ***747–751*** Pestepidemie im gesamten Mittelmeerraum (Europa, Nordafrika, Vorderer Orient).

1347–1358 / ***748–759*** ʿAlāʾaddīn Hasan Bahman Shāh begründet das Königreich der Bahmaniden von Madura (nördl. Dekkan), bis 1527 unabhängig von Delhi. Kämpfe der Bahmaniden (1347–1527) gegen die Hindu-Könige Südindiens.

1348 / ***749*** Niederlage des Marīniden Abū-l-Hasan (1331–1351) gegen eine Konföderation arabischer Beduinenstämme bei Kairuan.

1351–1413 / ***752–815*** Die Dynastie der Tughluqiden von Delhi, auf das nördliche Indien begrenzt (gefolgt von den Saiyids, 1414–1451, und den Lodis, 1451–1526); Entwicklung nationaler Prägungen des Islams unter den verschiedenen indischen Dynastien.

1352 / ***753*** *Tod des Khwāju, Hofdichter der letzten Īlkhāne, der Muzaffariden und der Jalāyiriden.*

1353 / ***755*** Orkhans Sohn Süleyman Pasha unterstützt Johannes Kantakuzenos mit osmanischen Truppen in Adrianopel.

1354 / *755* Osmanisch-genuesisches Abkommen.

1354–1357 / *755–758* Beginn der osmanischen Invasion des Balkans unter Süleyman Pasha. 1354 Eroberung der Halbinsel Gallipoli.

1359–1361 / *760–763* Die Osmanen besetzen Thrakien.

ab 1359 / *760* Zerfall der Goldenen Horde in Bürgerkriegen.

1360–1389 / *761–791* Murād I. osmanischer Herrscher, nimmt erstmals den Titel Sultan an. Osmanische Expansion in Westanatolien gegen Byzanz und auf dem Balkan gegen die verfallende Vormacht Serbiens. Bildung des Janitscharenkorps (*yeni cheri* «neue Armee»), Elitetruppe von Leibeigenen des Sultans aus den unterworfenen Balkanländern (*devshirme* «Knabenlese»).

1361 / *761* Ankara wird osmanisch.

1362 / *763* Murād nimmt Adrianopel (Edirne) ein (1366–1453 osmanische Hauptstadt).

1363–66 / *764–768* Osmanische Eroberungen in Bulgarien und Thrakien bis zum Südhang des Balkangebirges.

1365 / *766* Kreuzritter unter Peter I. von Zypern plündern Alexandria.

1370–1405 / *771–807* Der Mongolenherrscher Timur (Temür), setzte sich seit 1360 in Transoxanien durch; unterwirft Ostiran (1379–1385), Westpersien und Mesopotamien (1395–1400), die kiptschakische Steppe (1395), Nordindien (1398–99) und Anatolien (1402). Hauptstadt Samarkand; glänzende Architektur.

1371 / 772 Die Osmanen überwältigen die Serben bei Cernomen an der Marica und gewinnen das serbische Makedonien.

1375 / *777* Die Mamlūken stürzen mit türkischer Unterstützung das armenische Königtum von Kilikien (Kleinarmenien). Wachsende Bedeutung des Mamlūkenreiches für den Handelsverkehr zwischen Europa und Indien.

1376–1405 / *777–807* Toqtamïsh einigt die Goldene Horde zum letzten Male; er wird zweimal von Timur besiegt.

1378–1508 / *779–914* Die turkmenische Stammeskonföderation der Aq-Qoyunlu («Weiße Schafe») in Diyārbakr und Ostanatolien, nach dem Sieg über die Qara-Qoyunlu (1467) und die Timuriden (1469) Herren über Aserbaidschan und Persien.

1379–1385 / *780–787* Der Mongole Timur überschreitet den Oxus und unterwirft Ostiran (Chwarism, Chorasan).

1380–1468 / *781–873* Der turkmenische Stammesbund der Qara-Qoyunlu («Schwarze Schafe») in Aserbaidschan (Hauptstadt Tabris); Kämpfe gegen die Jalāyiriden (Eroberung von Bagdad 1412) und Expansion in Westpersien bis zur Niederlage gegen die Aq-Qoyunlu (1467).

1381–1386 / *782–788* Die Osmanen erweitern ihr Hoheitsgebiet in Anatolien mit der Annexion des Gebietes der Germiyan-Türken (1381) und dem Sieg über die Qaraman-Türken bei Konya (1386).

1382 / *783* Toqtamïsh vereinigt die Weiße und die Goldene Horde der Mongolen und nimmt Moskau ein.

1382–1399 / *784–801* Al-Malik az-Zāhir Barqūq (unterbrochen durch ein Interregnum 1389–1390) herrscht als erster Sultan der tscherkessischen Burjī-Mamlūken (bis 1517).

1385–1386 / *787* Die osmanischen Türken erobern Sofia und Nisch.

1387 / *788* Die Osmanen nehmen Saloniki ein.

1388 / *789* Eine Koalition aus Serben, Bosniern und Bulgaren schlägt die Osmanen bei Pločnik.

1389 / *791* In der Schlacht von Kosovo Polje (Amselfeld) sichern die Osmanen mit dem Sieg über die serbische Balkanarmee ihre Eroberungen südlich der Donau (Rumelien).
Tod des Sa'daddīn at-Taftazānī, persischer Theologe, Historiker und Philologe am Hofe Tīmūrs. Tod des Sūfī Bahā'addīn Naqshband, Lehrer des Naqshbandī-Ordens.

1389–1403 / *791–805* Der Osmane Bāyezīd I. Yïldïrïm («der Blitz») dehnt bis zum Rückschlag durch Tīmūrs Mongolen den Machtbereich der Osmanen über Anatolien aus und festigt die Herrschaft über die christlichen Balkanvölker.

1389–1390 Bāyezīd annektiert die türkischen Emirate in Westanatolien: Menteshe, Aydïn, Sarukhān, Germiyan, Hamīd.

1390/*792* Niederlage der Qaramāniden bei Aq-Chay gibt auch Zentralanatolien in osmanische Hand. Eroberung Philadelphias, der letzten byzantinischen Besitzung in Kleinasien.
Tod des persischen Dichters Hāfiz, Meister der Ghazal-Poesie, in Schiras.

1392/*794* Die Osmanen übernehmen Kastamonu und Amasya (Nordanatolien).

1393/*795* Bulgarien verliert Trnovo und das Donaugebiet an die Osmanen.

1394/*796* Bāyezīd läßt sich vom ʿabbāsidischen Scheinkalifen in Kairo den Titel «Sultan von Rūm» verleihen. Die Osmanen erobern Thessalonien und beginnen mit der Blockade Konstantinopels (bis 1402).

1395–1400/*797–803* Der Mongole Timur unterwirft Westpersien und den Irak.

1395/*797* Timur fällt in die kiptschakische Steppe ein und vernichtet die Macht seines Rivalen Toqtamïsh, des Khans der Weißen und der Goldenen Horde; er stößt bis Moskau und Astrachan vor.

1396/*799* Schlacht von Nikopolis: Die Osmanen schlagen die Armee des venezisch-ungarisch-byzantinischen Kreuzzugs unter Sigismund von Ungarn.

1397/*799* Die Osmanen nehmen Argos; die Peloponnes in türkischer Hand.

1397–1398/*799–801* Bāyezīd annektiert Qaramān, Qaisarīya (Caesarea) und Sivas.

1398–1399/*800–802* Timur erobert Nordindien: Plünderung von Delhi. Verfall und Auflösung des Sultanats von Delhi.

1400–1401/*802–803* Timur dringt nach Georgien, Anatolien, Syrien und dem Irak vor; Eroberung von Bagdad, Aleppo und Damaskus, Verwüstung Syriens.

1402/*804* Schlacht von Ankara: Die osmanische Armee wird von Timur vernichtend geschlagen. Bāyezīd begeht in der Gefangenschaft Selbstmord (1403). Timur nimmt den Johannitern Smyrna (Izmir).

1403/*805* Zerschlagung des Osmanenreiches: Timur stellt die Autonomie der anatolischen Fürstentümer wieder her, entlastet Byzanz nochmals vom osmanischen Druck.

1403–1413/*805–816* Nach dem Tode Bāyezīds folgen ein Interregnum und Nachfolgekriege unter seinen Söhnen Süleymān (1403–1411 in Edirne/Rumelien), ʿĪsā (in Bursa), Mehmed (in Amasya, dann Bursa/Anatolien) und Mūsā.

1403/*805* Pestepidemie und Hungersnot in Ägypten.

1405/*807* Timur stirbt in Otrar am Jaxartes auf dem Zuge nach China.

1405–1447/*807–850* Timurs Sohn Shāhrukh Herrscher in Chorasan, später auch in Transoxanien, Westpersien und Irak.
Blüte der iranischen Kultur in den Städten: Literatur in persischer und türkischer Sprache, Malerei, Wissenschaften.

1406/*808* Teilung der osmanischen Domänen; Bruderkrieg zwischen Süleymān (in Europa) und Mehmed (in Anatolien, unterstützt durch Mūsā).
*Tod des Historikers Ibn Khaldūn, Staatsmann und Richter aus dem Magrib, er stellt in der «Einleitung» (*Muqaddima*) zu seinem Geschichtswerk Theorie und System der Geschichte als «Wissenschaft der Zivilisation» in den Rahmen eines Kanons der Wissenschaften.*

1407/*809* Ende des Bürgerkriegs in Ägypten (1405–1407) gegen Sultan Faraj.

1408/*810* Die Qara-Qoyunlu unter Qara Yūsuf (Hauptstadt Tabris seit 1406) siegen über den Timuriden Mīrānshāh.

1411/*813* Mūsā besiegt Süleymān und belagert Konstantinopel. Er hält sich als Gegensultan in Rumelien bis 1413/816.

1412/*814* Mehmed erreicht ein Einvernehmen mit dem byzantinischen Kaiser Manuel gegen seinen Bruder Mūsā. Die Qara-Qoyunlu erobern Bagdad.

1413/*816* Mehmed schlägt den Rivalen Mūsā und wird Alleinherrscher des Osmanischen Reiches (1413–1421). Bemühungen um die politische und religiöse Einigung des Reiches.
Tod des ʿAlī al-Jurjānī, Theologe und Philosoph an Timurs Hof.

1414/*816* Beginn der Islamisierung Malaysias.

1415/*818* Portugiesische Expansion gewinnt Ceuta (Sabta) an der nordafrikanischen Küste.

1416/*819* Osmanischer Konflikt mit Venedig um die Vormachtstellung in der Ägäis. Sieg der venezianischen Flotte über die Türken bei Gallipoli. – Ein Aufstand an der Westküste Kleinasiens und in Rumelien unter dem Einfluß des häretischen Sūfī Badraddīn endet mit dessen Hinrichtung.

1418/*821* *Tod des Kanzleibeamten al-Qalqashandī, Verfasser eines enzyklopädischen Handbuches der Administration.*

1421–1444/*824–848* Erste Regierungsperiode Murāds II. Er verteidigt die osmanische Herrschaft auf dem Balkan gegen die Ungarn und erreicht die volle Wiederherstellung der osmanischen Autorität in Anatolien.

1422/*825* Die Osmanen benutzen Feuerwaffen bei dem erfolglosen Versuch, Konstantinopel zu erobern.

1422–1438/*825–841* Herrschaft des Mamlūkensultans Barsbay; Versuch, die Zahlungsmittel zu kontrollieren und den Handel mit Zucker, Pfeffer und anderen Genußmitteln zu monopolisieren.

1423/*826* Die Thessalonike wird von byzantinischen Fürsten angesichts der osmanischen Bedrohung an Venedig abgetreten: Anlaß des türkisch-venezischen Krieges (1423–1430).

1425/*828* *Der Timuride Ulugh-Bek errichtet ein Observatorium in Samarkand und vereinigt dort die bedeutendsten Astronomen der Zeit.*

1426/*829* Die Mamlūken unter Barsbay schlagen die zyprische Armee. Zypern wird von Ägypten abhängig (1427).

1426(?)–1456/*829(?)–860* Hājjī Giray, Nachkomme des Mongolen Čingiz-Khān, Gründer des unabhängigen Khanats auf der Krim.

um 1428/*832* *Tod des Sūfī ʿAbdalkarīm al-Jīlī, Anhänger und Fortsetzer der mystischen Lehre von Ibn al-ʿArabī.*

1430/*833* Murād II. beendet die venezianische Herrschaft in Thessaloniki. *Tod des Hāfiz-i Ābrū, tīmūridischer Historiker und weitgereister Geograph.*

1437 / *841* Tod des Mamlūkensultans Barsbay.

1438–1453 / *842–857* Regierung des Mamlūken al-Malik az-Zāhir Chaqmaq.

1438 / *841* Türkischer Einfall in Ungarn: Semendria genommen. Pestepidemie im Irak.

1440 / *843* Vergebliche Belagerung Belgrads durch die Türken.

1442 / *845* *Tod des ägyptischen Historikers al-Maqrīzī.*

1443 / *847* Eine Kreuzritterarmee aus Ungarn, Polen, Serben und Rumänen unter Johannes Hunyadi schlägt die Türken und besetzt Nisch.

1444 / *848* Murād II. schließt Frieden von Szegedin mit den ungarischen Kreuzrittern: Die Donau wird Grenze, die Walachei den Ungarn tributpflichtig. Erfolgreicher Feldzug gegen die Qaramān-Türken in Anatolien. Nach Bruch des Waffenstillstandes durch die Ungarn entscheidender Sieg über die christlichen Armeen in der Schlacht bei Varna. Murād II. dankt zugunsten seines Sohnes Mehmed II. ab.

1446–1451 / *850–855* Murād II. übernimmt erneut die Herrschaft. Wiederaufnahme der osmanischen Expansionskriege in Südosteuropa; Verwüstung der Peloponnes.

1447–1449 / *850–853* Der Timuride Ulugh-Bek Herrscher in Samarkand.

1447–1488 / *850–894* Scheich Junaid (1447–1460) und sein Sohn Scheich Haidar (1460–1488), militante Nachkommen von Scheich Safīyaddīn, organisieren ihre Anhängerschaft als militärische Truppe (Qïzïlbash «Rotmützen»), verbreiten den schiitischen Safawiden-Orden im nordwestlichen Iran, Aserbaidschan und in Ostanatolien.

1448 / *852* Die zweite Schlacht von Kosovo; Osmanen schlagen die Serben und Ungarn unter Johannes Hunyadi und erobern Transsylvanien.

1451–1526 / *855–932* Afghanische Lōdī-Dynastie von Delhi.

1451–1469 / *855–873* Der Timuride Abū Saʿīd herrscht in Samarkand über Ostiran, Transoxanien und Westturkestan.

1451–1481/*855–886* Der Osmane Mehmed II., genannt Fātih («der Eroberer») festigt die Hegemonie auf dem Balkan und schafft erste osmanische Gesetzbücher. Gegenüber einer regen Bautätigkeit und der Neuorganisation des Janitscharenkorps gefährden Münzentwertung, Monopolwirtschaft und Konfiskationen das soziale Gleichgewicht.

1453/*856* Die Einnahme Konstantinopels durch die Osmanen besiegelt das Ende des Byzantinischen Reiches. Konstantinopel wird Hauptstadt des Osmanischen Reiches und neuer geistiger Mittelpunkt der islamischen Welt.

1453–1461/*858–865* Sultanat des Mamlūken al-Malik al-Ashraf Ināl.

1453–1478/*857–882* Uzun Hasan führt die Aq-Qoyunlu zum Gipfel ihrer Macht in Diyārbakr, Ostanatolien und im Kaukasus, unterwirft die Qara-Qoyunlu (1467), beschränkt den letzten Tīmūridenstaat auf Ostiran und dehnt seine Herrschaft auf Persien, Aserbaidschan und den Irak aus.

1455/*859* Das genuesische Inselreich in der Ägäis kommt in türkische Hand.

1456/*860* Johannes Hunyadi verteidigt Belgrad gegen die osmanische Belagerung. Die Türken müssen den Rückzug nach Bulgarien antreten, werden jedoch durch den Tod Hunyadis im selben Jahre entlastet.

1457/*861* Nach dem Tod des serbischen Königs Georg Brankovič unterwirft Mahmūd Pasha Serbien und führt einen Vorstoß zur nördlichen Adria.

1458–1519/*862–926* Eroberung der atlantischen Hafenstädte Marokkos durch Portugal; 1471 Portugiesen in Westafrika.

1460/*864* Mehmed II. vollendet die Eroberung der Peloponnes; Ende des letzten byzantinischen Herrscherhauses der Palaiologen.

1463–1479/*867–884* Krieg zwischen dem Osmanischen Reich und Venedig. 1463–64 Annexion Bosniens. Waffenhilfe Venedigs an die Aq-Qoyunlu (1470).

1465/*869* Die Linie der Wattāsiden stürzt das Haus der Marīniden in Marokko (regiert bis 1549).

1467/*872* Feldzug der Qara-Qoyunlu unter Jihān-Shāh gegen die Aq-Qoyunlu (Uzun Hasan) endet mit Niederlage und Ende der Dynastie. Expansion der Aq-Qoyunlu nach Persien und nach dem Irak.

1467–1468/*871–872* Feldzüge Mehmeds II. gegen Albanien; 1468 Tod des Rebellen Iskender Beg (Skanderbeg).

1468/*872* Mehmed II. annektiert das türkische Fürstentum von Qaramān.

1468–1496/*872–901* Der Mamlūk al-Malik al-Ashraf Qāʾit-Bay führt Ägypten in Kämpfen mit den Osmanen zum militärischen Erfolg, jedoch zum wirtschaftlichen Ruin.

1469/*873* Tod des Timuriden Abū Saʿīd nach gescheitertem Feldzug gegen die Aq-Qoyunlu in Aserbaidschan.

1469–1506/*873–912* Husain Baiqara in Herāt (Chorasan), letzter bedeutender Herrscher des Tīmūridenhauses.

1470/*874* Venedig verliert Negroponte auf Euboea. Bündnis mit den Aq-Qoyunlu (Uzun Hasan).

1473/*877* Schlacht von Bashkent (Terjān) am Euphrat: Mehmed II. bringt Uzun Hasan eine vernichtende Niederlage bei.

1474/*878* Osmanische Eroberung Kilikiens.

1475/*880* Die Genuesen werden aus Kafa (Kefe/Theodosia auf der Krim) vertrieben. Die Krimtataren werden Vasallen der Osmanen. Das türkische Fürstentum von Qaraman wird endgültig annektiert.

1479/*883* Das Osmanische Reich zwingt durch Belagerung von Skutari (seit 1474) Venedig zum Friedensschluß. Venedig verzichtet auf Albanien und Besitzungen auf der Peloponnes.

1481/*886* Bürgerkrieg zwischen Bāyezīd II., unterstützt von den Janitscharen, und seinem Bruder Jem (unterliegt 1481, flieht 1482 nach Rhodos), der bis zu dessen Tod (1495) das Reich bedroht.

1481–1512/*886–918* Bāyezīd II. osmanischer Sultan. Periode wirtschaftlicher und religiöser Konsolidierung.

1484/*888* Türkischer Feldzug nach der Moldau gegen polnische Südausdehnung.

1485–1491/*889–896* Krieg zwischen Osmanen und Mamlūken um Kilikien endet mit Niederlage der Türken bei Caesarea (Āghā Chayrï); Verlust von Adana und Tarsus im Frieden von 1491.

1492/*898* Türkische Streifzüge nach der Steiermark, Kärnten, Krain; Niederlage der Türken bei Villach. – Pestepidemie in Ägypten. – Eine christliche Armee unter Ferdinand von Aragon und Isabella von Kastilien nimmt Granada ein und beendet die islamische Herrschaft in Spanien. Der letzte Nasride zieht sich nach Marokko zurück.
Tod des persischen Sūfī und Dichters Jāmī in Herāt.

1497–1503/*902–909* *Bau der Bāyezīd-Moschee in Konstantinopel.*

1497–1510/*903–916* Eroberung der wichtigsten Mittelmeerstädte Nordafrikas durch Spanien.

1498/*903* *Tod Mīrkhwānds, des persischen Hofhistorikers der Timuriden.*

1498–1509/*904–915* Begründung der portugiesischen Vorherrschaft im Überseehandel des Indischen Ozeans: 1498 Vasco da Gama segelt mit dem arabischen Kapitän Ibn Mājid von Ostafrika nach Indien, Gründung portugiesischer Handelsplätze; 1509 Sieg der Portugiesen über Bündnis der Sultane von Gujarāt mit den ägyptischen Mamlūken in der Seeschlacht vor Diu.

1499–1503/*904–909* Zweiter türkisch-venezianischer Krieg; Venedig verliert Besitzungen auf der Peloponnes an die Osmanen.

1500/*905* Muhammad Shaibānī, Khan eines sibirischen Mongolenstaates, erobert Domänen der letzten Timuriden und errichtet Özbeg-Dynastie in Transoxanien und Chwarism.

1501/*906* *Tod des Wesirs ʿAlī-Shīr Nawāʾī, bedeutender Dichter der osttürkischen (Chaghatay-)Sprache am Timuridenhof in Herāt.*

1501–1516/*906–922* Qānsauh al-Ghaurī, der letzte bedeutende Mamlūkensultan.

1501–1524/*907–930* Schah Ismāʿīl errichtet mit den turkmenischen Qïzïlbash die Safawiden-Dynastie in Aserbaidschan (Niederlage der Aq-Qoyunlu

1501) und erobert Iran und Mesopotamien. Theokratische Herrschaft im Namen des ʿalidischen Imams einigt Persien unter schiitischem Bekenntnis.

1502/*907* *Tod des persischen Philosophen und Theologen Dawānī, der philosophische Ethik und mystische Philosophie nach Nasīraddīn at-Tūsī in arabischer und persischer Sprache darstellt.*

1504/*910* Der Türke Zāhiraddīn Bābur aus Farghānā (Zentralasien) besetzt Kābul; erste Einfälle nach Indien bis zum Indus leiten Aufstieg der «Mogulkaiser» Indiens ein (ab 1526).
Tod des persischen Predigers Kāshifī in Herāt, Verfasser erbaulicher Kunstprosa und Poesie.

1505/*911* *Tod des Jalāladdīn as-Suyūtī, ägyptischer Philologe, Historiker und Enzyklopädist der islamischen Disziplinen.*

1506/*911* *Tod des Husain Baiqara, timuridischer Herrscher in Chorasan, Dichter im Chaghatay-Türkischen, Förderer der Dichter Jāmī und Nawāʾī, des Historikers Mīrkhwānd und des Malers Bihzād.*

1511/*917* Die Saʿdī-Scharifen errichten ʿalidische Herrschaft in Marokko (1549 Ende der Wattāsiden in Fes). Verteidigung des Landes gegen türkische und portugiesische Angriffe und Ausdehnung der marokkanischen Macht über Westafrika.

1511–1512/*918* Bürgerkrieg zwischen Sultan Bāyezīd und seinem jüngeren Sohn Selīm.

1512–1513/*917–919* Schiitischer Aufstand unter Shāh-Qulï in Anatolien, geschürt von den Safawiden.

1512–1520/*918–926* Der osmanische Sultan Selīm I. Yavuz («der Grimmige»). Blutige Unterdrückung der Schia, verschärft durch den politischen Gegensatz mit der schiitischen Safawiden-Dynastie Irans.

1514/*920* Der Safawide Ismāʿīl führt als Schutzherr der Schia Feldzug gegen die Osmanen. Schlacht von Chāldirān (Aserbaidschan): Selīm I. besiegt Ismāʿīl, bringt Kurdistan und Mesopotamien unter osmanische Herrschaft und weist safawidische Expansionsbestrebungen im Westen definitiv zurück.

1515/*921* Vernichtung der Dhū-l-Qadr, Vasallen der Mamlūken in Südostanatolien und Armenien, durch die Osmanen.

1515–1516/*921* Die Mamlūken erobern den Jemen. Ihr Versuch, Aden zu nehmen, scheitert.

1516/*922* Selīm besiegt den Mamlūken Qānsauh al-Ghaurī bei Marj Dābiq und nimmt Syrien ein.

1517/*923* Osmanen unter Selīm erobern Ägypten; Ende des Mamlūken-Staates. Einführung des osmanischen Lehnssystems im arabischen Vorderen Orient. Selīm nimmt die Schlüssel der Kaʿba von Mekka in Empfang und legitimiert sich mit der Kontrolle über die heiligen Stätten zur Annahme des Kalifentitels.

Die Osmanenzeit

Das Osmanische Reich

Bereits in der Periode, die pauschal als Mongolenzeit bezeichnet wird, vollzog sich der Aufstieg des Osmanischen Reiches. Das Fürstentum Osmans, des Gründers der Dynastie am Ende des 13. Jahrhunderts, war zunächst nur eines der kleinsten unter den türkischen Prinzipaten Anatoliens. Militärische Erfolge auf dem Balkan öffnen den Weg zur Vormacht in Kleinasien; die Eroberung Konstantinopels (1453) – das Ende des Byzantinischen Reiches – und die Eroberung Syriens und Ägyptens (1516–1517) – das Ende des Mamlūkenstaates – sind die Stationen des Aufstiegs zur Großmacht des Vorderen Orients, die alle Länder der klassischen arabisch-islamischen Kultur umfaßt. Sie tritt nun, sowohl im theoretischen Anspruch als auch in der praktischen Machtvollkommenheit, das Erbe des Kalifates an.

Leitungshierarchie und Staatseinrichtung werden von Modellen der seldschukischen und mamlūkischen Vorläufer geprägt. Zu den charakteristischen Institutionen gehören die Kaste der Führungselite (die Osmanlis unter der Leitung der osmanischen Dynastie), die Erhaltung einer Militärelite durch Kauf und Einfuhr (aus dem Balkan), die zentralistische Administration unter dem Wesirat und die Gründung der Provinzverwaltung auf verschiedene Formen von Steuerlehen und Steuerpacht, schließlich die Rechtsautonomie der Religionsgemeinschaften (*millet*) – damit die faktische Aufgabe der Identität von Staat und Umma.

Nach dem Höhepunkt der Machtentfaltung unter Süleymān I. (1520–1566) beginnt mit Zerfallserscheinungen der inneren Struktur die lange Periode des Niedergangs. Seit der zweiten Hälfte des 16. Jahrhunderts führt die Machtausweitung des Großwesirats zur Trennung der Zentralgewalt vom

Sultanat, dem Bezugspunkt der Loyalität. Zunächst verliert die türkische Aristokratie, nach 1579 auch das Großwesirat die Führungsautorität an die Militärelite der Janitscharen-Aghas. Seit dem 17. Jahrhundert (Friede von Karlowitz, 1699) muß das Reich nach einer langen Reihe von Rückschlägen und Niederlagen gegen das militärisch überlegene Europa den Rückzug aus den meisten seiner Domänen im Balkan antreten.

Die Bemühung, der Herausforderung Europas in Wirtschaft, Technik und Kultur durch wirtschaftliche Anpassung und Reform der imperialen Institutionen zu begegnen, bestimmt seit dem 18. Jahrhundert die Entwicklung des Reiches. Zeigt schon die «Tulpenzeit» (Wesirat des Dāmād Ibrāhīm, 1718–1730) eine neue Öffnung nach Europa, so beginnt im Jahre 1789 eine Folge von Reformen von Militär, Regierung und Verwaltung, welche aber schließlich die politische und wirtschaftliche Abhängigkeit von Europa und den allmählichen Zerfall des Großreichs doch nicht aufhalten können.

Nordafrika

Während in Marokko im 16. Jahrhundert aus langwährenden Auseinandersetzungen eine Dynastie arabischer Scharifen (*shurafā'*, 'alīdische Nachkommen des Propheten) siegreich hervorgeht und mit geschickter Bündnispolitik gegenüber den Stämmen das Kronland über das Gebiet nördlich des Atlas ausdehnen kann, fällt der zentrale und östliche Magrib in der zweiten Hälfte des Jahrhunderts an das Osmanische Reich.

Iran seit der Safawidenzeit

In die Konkursmasse des nachmongolischen Westiran teilen sich zunächst die turkmenischen Stammeskonföderationen der Qara-Qoyunlu (1380–1468) und der Aq-Qoyunlu (1378–1508). Die erneute Einigung Irans ist das Werk der Safawiden, einer Dynastie, die zunächst aus einem sektiererischen Sūfī-Orden hervorging, unter den Turkmenen Aserbaidschans und Ostanatoliens im Laufe des 15. Jahrhunderts eine mächtige Gefolgschaft sammelte (die Qïzïlbash) und mit deren Hilfe die Region von Aserbaidschan bis zum Oxus erobert (Schah Ismā'īl ibn Haidar, 1501–1524). Die Vorstöße gegen das Osmanische Reich werden durch den Sieg Sēlims bei Chāldirān (1514) endgültig zurückgewiesen.

Die Safawiden errichten eine theokratische Herrschaft im Namen des Verborgenen Imams der Schia; ihre Legitimation ruht auf der Institution der Rechtslehrer, die bis zur Wiederkehr des Imams, des erwarteten Mahdī, die Auslegung des religiösen Gesetzes (den *ijtihād*) ausüben. Unter den Safawiden wird Iran – vordem weithin von sunnitischen Türken und Mongolen

beherrscht – das Land der Schia, neben den alten Zentren im Irak der Hort ihrer religiösen und kulturellen Tradition; und die gemeinsame Konfession fügt die Völker Irans zu dauernder politischer und geistiger Einheit zusammen. Schah ʿAbbās I. (1588–1629) macht die Hauptstadt Isfahan zur Stätte glanzvoller Erneuerung der iranisch-islamischen Kultur.
Nach einem Jahrhundert der kriegerischen Auseinandersetzung und der Spaltung des von den Safawiden geschaffenen Reiches unter den Nachfolgedynastien der türkischen Afshār (1736–1795) und der afghanischen Zand-Dynastie (1750–1794, Hauptstadt Schiras) gewinnt Iran unter der Despotie der Qajāren (1779–1924) wieder eine bedeutende Machtstellung, bedeutend auch als Partner der europäischen Mächte in deren Hegemoniepolitik um das zerfallende Osmanenreich.

Indien unter den Mogulkaisern (1526–1858)

Politische Erben Timurs, des Führers des zweiten Sturms gegen die islamische Welt zu Ende des 14. Jahrhunderts, lösen nach erfolgreicher Invasion Nordindiens (Schlacht von Panipat, 1526), das Sultanat der türkischen Militärdynastie von Delhi und kleinerer Prinzipate ab – zunächst nur vorübergehend. Aber Akbar (1556–1605), der größte der «Mogulkaiser», stabilisiert die islamische Herrschaft über Nord- und Zentralindien. Unter seiner Ägide bildet sich die klassische indo-islamische Kultur, geprägt von iranischer Staatsorganisation, aber auch beeinflußt und mitgestaltet vom einheimischen Hinduismus. Im *dīn-i ilāhī* («göttliche Religion») Akbars selbst, einer synkretistischen Universalreligion, findet sie ihren höchsten Ausdruck.
Bereits nach dem Tode Aurangzībs (1658–1707) beginnt ein schneller Verfall. Die Invasionen Nādīr-Shāhs aus Iran (Besetzung von Delhi 1738–1739) und des Afghanen Durrānī bahnen dem Aufstieg hinduistischer Fürstentümer, schließlich der englischen Kolonialherrschaft den Weg.

1520 / *926* Der türkische Korsar Khairaddīn Barbarossa unterstellt seine Eroberungen in Algerien dem osmanischen Sultan Selīm und führt Flottenunternehmungen gegen Spanien im südlichen Mittelmeer.

1520–1566 / *926–974* Sultan Süleymān, genannt Qānūnī («der Gesetzgeber», auch «der Prächtige») herrscht über das Osmanische Reich auf der Höhe seiner Machtentfaltung. Die politische und soziale Struktur des Reiches erhält durch Reformen der Staatseinrichtung ihre endgültige Form. Mitwirkung im Kräftespiel der europäischen Politik.

1521 / *927* Die Osmanen erobern Belgrad und sprengen die Donau-Verteidigungslinie.

1522 / *929* Die Osmanen nehmen Rhodos ein; Abzug der Johanniter.

1524–1576 / *930–984* Schah Tahmāsp I., Sohn Ismāʿīls, in Iran; Feldzüge gegen Özbegs und Osmanen.

1526 / *932* Schlacht von Mohács: Sieg Süleymāns über König Ludwig von Ungarn, Verwüstung des Landes. Ungarn wird den Türken tributpflichtig. – Schlacht von Pānīpat: Bābur (1526–1530) schlägt den letzten Lōdī-Sultan von Delhi und begründet die Dynastie der Mogulkaiser in Indien.

1527 / *934* Ende der muslimischen Bahmanidendynastie im nördlichen Dekkan. Fünf Lokaldynastien teilen den Dekkan bis zur Eroberung durch die Mogulkaiser Akbar und Aurangzīb.

1529 / *935* Die erste türkische Belagerung Wiens schlägt fehl. Khairaddīn Barbarossa tritt in osmanische Dienste und beginnt den Bau der osmanischen Flotte. Algier wird osmanisch.

1530–1556 / *937–963* Der Mogulkaiser Nasīraddīn Humāyūn (1540–1555 im Exil).

1532–1533 / *938–939* Feldzug Süleymāns gegen Österreich; Eroberung von Güns, 1533 Friede mit Habsburg.

1534 / *940* Osmanischer Feldzug gegen Schah Tahmāsp von Persien. Süleymān nimmt Tabris und Bagdad; in der Folge Besetzung von Aserbaidschan und Irak.

1534–1574 / *941–982* Die Türken fassen von Algier aus in Nordafrika Fuß; es kommt zum Konflikt mit Kaiser Karl V. und Spanien. Nach wiederholter Eroberung von Tunis (1534,1570, endgültig 1574) werden die Spanier weitgehend aus Nordafrika vertrieben.

1536 / *942* Frankreich und die Türkei schließen einen Handelsvertrag mit Wirkung eines politischen Bündnisses (gerichtet gegen Karl V.).

1536–1541 / *942–948* Kaiser Karl V. führt eine Expedition gegen Tunis und Algier.

1536–1587 / *942–995* Regime osmanischer Beglerbegs in Nordafrika.

1537–1557 / *943–964* Die Saʿdī-Scharifen vertreiben die Portugiesen aus Südmarokko.

1538 / *944* Schlacht von Preveza: Die Osmanen schlagen die Flotte der Heiligen Liga (Karl V., Venedig, Papst) und erringen die Seeherrschaft im Mittelmeer.

1540–1555 / *947–962* Interregnum der Afghanen unter Shīr-Shāh Sūr und seinen Nachfolgern in Delhi.

1541 / *947* Flottenunternehmung Karls V. gegen Algier schlägt fehl.

1541–1547 / *947–954* Nach dem Tode Johann Zápolyais von Ungarn türkisch-österreichischer Krieg um Ansprüche Habsburgs auf Ungarn. Osmanische Verwaltung in Ungarn. Nach türkischen Eroberungen Waffenstillstand mit Habsburg, das nur noch geringe Teile Ungarns behält.

1548–1555 / *954–963* Neuer türkisch-persischer Krieg. Im Frieden von Amasya behalten die Osmanen ihre Eroberungen in Mesopotamien; Teilung Georgiens.

1549 / *956* Die Saʿdī-Scharifen (Shurafāʾ) vertreiben die Wattāsiden aus Fes und treten Herrschaft über ganz Marokko an (Linie der Saʿdiden bis 1659).

1549–1554 / *956–961* Abwehr osmanischer Angriffe durch die Saʿdī-Scharifen von Marokko.

1550 / *956* *Bau der Süleymān-Moschee in Konstantinopel.*

1551 / *957* Der türkische Admiral Pīri Reʾīs nimmt Masqat ein. Die Johanniter übergeben Tripolis (Libyen) den Osmanen.

1551–1562 / *957–970* Fortsetzung des Ungarnkrieges zwischen Osmanen und Kaiser Ferdinand von Habsburg; 1551/957 Einnahme von Temesvár durch den späteren Großwesir Sogollu Mehmed Pasha.

1554–1556 / *961–964* Dragut (Turghūd), Nachfolger Khairaddīn Barbarossas, vollendet die türkische Eroberung der nordafrikanischen Küste.

1556/*963* Osmanen stürzen die Dynastie der Ziyāriden in Westalgerien. – Osmanisch-portugiesischer Seekrieg im Indischen Ozean.
Tod des türkischen Dichters Fuzūlī.

1556–1605/*963–1014* Kaiser Akbar von Delhi, Gründer einer synkretistischen Universalreligion, führt das Mogulreich in Nord- und Zentralindien auf seine höchste Blüte.

1558/*965* *Tod des Zainaddīn al-ʿĀmilī, iranischer Theologe der Schia.*

1565/*972* Vereinigung der muslimischen Dynastien des Dekkan; Zerstörung des Hindu-Königtums von Vijayanagar in Südindien, der letzten Bastion der alten Hindu-Kultur.

1565–1568/*972–975* Türkisch-österreichischer Krieg.

1566/*974* Mit dem Tode Süleymāns endet die Periode der Expansion des Osmanischen Reiches. Sein Nachfolger wird Selīm II. «der Säufer» (1566–1574); Regierungsvollmachten in den Händen des serbischen Großwesirs Soqollu Mehmed Pasha und des Juden Josef Nasi.

1568–1570/*975–977* Zaiditen-Aufstand gegen die Osmanen im Jemen.

1570/*977* Die Osmanen nehmen Zypern ein. Frieden mit den Moskowitern.

1571/*979* In der Seeschlacht von Lepanto wird die osmanische Flotte durch die spanisch-venezianische der Heiligen Liga (Don Juan d'Austria) zerstört. Nach dem Zerfall der Liga und dem Wiederaufbau der türkischen Flotte wird Spanien auf das westliche Mittelmeer beschränkt.

1573/*980* Venedig tritt nach dreijährigem Krieg Zypern an die Türken ab.

1574–1595/*982–1003* Murād III. osmanischer Sultan. Sein Regime ist geprägt vom wachsenden Einfluß des Palastes (Periode der «Weiberherrschaft»), Mißbräuchen im Lehnswesen und bei der Janitscharen-Rekrutierung; es kommt 1589 und 1592 zu Truppenrevolten.

1575–1717/*982–1130* Gouverneursverwaltung in Bengalen.

1577–1590/*985–998* Osmanischer Krieg mit Persien; Einnahme von Tiflis (1578), Kars und Tabris (1585), Fürstentümer Georgiens werden tributpflichtig.

1578–1603 / *986–1012* Der Sharīf Ahmad al-Mansūr regiert Marokko und erobert 1590–1591 Westafrika (Reich der Songai mit Timbuktu und Gao am Niger).

1580 / *987* Das Osmanische Reich gewährt England Handelsprivilegien.

1583 / *991* *Tod des persischen Dichters Wahshī von Bāfq, Meister sūfischer romantischer Poesie.*

1587 / *996* Schaffung der drei osmanischen Beyliks Algier, Tunis und Tripolis.

1588–1629 / *996–1038* Schah ʿAbbās von Persien führt das Safawiden-Reich auf seinen Höhepunkt. Er erweitert den iranischen Herrschaftsbereich, so durch die Vertreibung der Özbegs aus Chorasan und der Osmanen aus Aserbaidschan, Diyārbakr und dem Irak.
Höhepunkt der Baukunst und der Malerei (Ridā-yi ʿAbbāsi).

1588 / *996 (?)* *Tod des Sinān Pasha, Architekt der osmanischen Hauptstädte (Süleymān-Moschee [1557] in Istanbul, Selīm-Moschee in Edirne).*

1590 / *998* Friede zwischen Persien und dem Osmanischen Reich, das mit Georgien, Karabag und Schirwan den Kaukasus und das Kaspische Meer erreicht, ferner Tabris und Luristan gewinnt.

1593–1606 / *1001–1015* Osmanisch-habsburgischer Krieg, beendet durch den Vertrag von Zsitvatorok (1606).

1595–1603 / *1003–1012* Der osmanische Sultan Mehmed III.

1596 / *1004* Schah ʿAbbās macht Isfahān zur Hauptstadt des Safawidenreiches.

1599 / *1007* *Tod des osmanischen Historikers Saʿduddīn Khōja Efendi.*

1600 / *1008* *Tod des türkischen Dichters Bāqī; sein Werk ist der Höhepunkt der klassischen türkischen Lyrik.*

1602–1612 / *1010–1021* Neuer türkisch-persischer Krieg.

1603 / *1011* Der Safawidenschah ʿAbbās gewinnt Aserbaidschan (Tabris) und den Kaukasus (Eriwan, Schirwan, Kars) von den Osmanen zurück.

1603–1617 / *1012–1026* Herrschaft des osmanischen Sultans Ahmed I.

1605 / *1013* Persischer Sieg über die Osmanen am Urmia-See; die Safawiden gewinnen Diyārbakr und den Irak (Mosul, Bagdad) zurück.

1605–1627 / *1014–1037* Der Mogulkaiser Jahāngīr in Delhi.

1606 / *1015* Frieden von Zsitvatorok, zwanzigjähriger Waffenstillstand zwischen den Osmanen und Österreich; Gebietsverluste Habsburgs in Ungarn.

1609–1614 / *1017–1023* Vertreibung der Muslime aus Spanien.

1609–1687 / *1017–1099* Nach dem Fall anderer Dekkan-Königreiche teilen sich die ʿĀdil-Shāhī-Dynastie von Bijapur und die Qutb-Shāhī-Dynastie von Golkonda Südindien bis zur Eroberung durch die Mogulkaiser.
Anfänge der Urdu-Literatur.

1612 / *1020* Im Friedensschluß zwischen Iran und dem Osmanischen Reich verliert dieses Aserbaidschan und Georgien an die Safawiden. Osmanische Handelsprivilegien für Holland.

1617–1618 / *1026–1027* Sultan Mustafā I., nach Palastrevolution wegen Geistesschwäche abgesetzt.

1618–1622 / *1027–1031* Sultan ʿOsmān II.

1621 / *1030* *Tod des Bahāʾaddīn al-ʿĀmilī, schiitischer Theologe und Mathematiker.*

1622 / *1032* England beschießt Algier als Vergeltung für Piratenaktionen (wiederholt 1655, 1672). – Eine türkische Kampagne in der Moldau gegen Polen (1620–1622) endet mit Verlusten; nach dem Friedensschluß kommt es zum Aufstand der Janitscharen: ʿOsmān II. wird erschlagen.

1622–1623 / *1031–1032* Zweite Regierungsperiode Mustafās I., der durch eine *fatwā* des Sheykh-ül-Islam abgesetzt wird.

1623 / *1032* Eroberung Bagdads durch Schah ʿAbbās I. von Persien.

1623–1640 / *1032–1049* Sultan Murād IV. beschränkt die Machtstellung des Janitscharenkorps. Wechselvoller Krieg mit Iran (1623–39).

1628–1658 / *1037–1068* Der Mogulkaiser Shāh Jahān.

1629–1642 / *1038–1052* Mit Schah Safī beginnt der Niedergang der Safawiden. Murād IV. gewinnt den Irak zurück (1638).

ab 1631 / *1040* Die Filālī-Linie der Scharifen wahrt die politische Einheit Marokkos.

1633 / *1042* Der Aufstand des Drusenfürsten Fakhraddīn in Libanon und Syrien, im Bündnis mit der Toskana, dem Papst und Spanien, wird von den Osmanen niedergeschlagen; Fakhraddīn wird 1635 hingerichtet.

1635 / *1044* *Tod des Nafʿī, eines türkischen Dichters im indisch-persischen Stil.*

1638 / *1048* Murād IV. erobert den Irak von Iran zurück (Schiitenmassaker in Bagdad). Im Vertrag von Qasr-i Shīrīn überläßt Murād IV. den Kaukasus (Eriwan) und Aserbaidschan (Tabris) den Safawiden; es kommt zur endgültigen Gebietsabgrenzung zwischen Osmanen und Safawiden.

1640 / *1050* *Der persische Theologe und Philosoph Sadraddīn Shīrāzī (Mollā Sadrā) stirbt in Isfahan. Seine Lehre, mit der des Muhammad Bāqir Mīr-i Dāmād (gest. 1630/1040) am Ausgangspunkt der «Schule von Isfahan», verbindet die Metaphysik Ibn Sīnās mit der mystischen «Erleuchtungsphilosophie»* (ishrāq) *des Suhrawardī.*

1640–1648 / *1049–1058* Sultan Ibrāhīm I. Der Einfluß der Haremscliquen ist auf dem Höhepunkt. Mißwirtschaft führt zum Ruin der Staatsfinanzen.

1645–1669 / *1054–1080* Osmanisch-venezianischer Krieg um Kreta als letzter Position Venedigs im östlichen Mittelmeer.

1648–1687 / *1058–1099* Sultan Mehmed IV.; bis 1656 anarchische Periode unter fortgesetzten Parteikämpfen.

1651 / *1061* Die venezianische Flotte siegt bei Paros über die Osmanen.

1656–1661 / *1066–1072* Der Großwesir Mehmed Köprülü erneuert das im Niedergang begriffene Osmanische Reich durch innere Reformen, beseitigt den Einfluß von Harem und Janitscharen, saniert die Staatswirtschaft und erringt militärische Erfolge.

1657/*1067* Wiederherstellung der türkischen Autorität in den Donau-Fürstentümern.

1658/*1068* *Tod des türkischen Kosmographen und Enzyklopädisten Ḥājjī Khalīfa (Kātib Chelebi).*

1658–1659/*1068–1070* Unterdrückung von Aufständen in Anatolien durch die Osmanen.

1658–1707/*1068–1118* Der Mogulkaiser Aurangzīb setzt sich in Nachfolgekämpfen gegen seinen Bruder Dārā Shikūh durch (1658–1659) und stabilisiert die Herrschaft des Islams in Nordwestindien und im Dekkan. Nach seinem Tode beginnt der Niedergang des Mogulimperiums.

1659–1671/*1069–1082* Regime der Āghās des Armeekorps in Algier.

1661–1676/*1071–1087* Ahmed Köprülü, Sohn Mehmeds, Nachfolger im Großwesirat und in der faktischen Herrschaft.

1663–1664/*1073–1075* Osmanische Offensive gegen Österreich endet mit Niederlage am St. Gotthard und der Vereinbarung eines zwanzigjährigen Waffenstillstands.

1665/*1075* Franzosen bombardieren Algier und Tunis als Repressalie gegen Seeräuberei.

1669/*1079* Die Osmanen erobern Kandia, den letzten venezianischen Stützpunkt auf Kreta.

1670/*1080* Durch den Frieden von Venedig wird Kreta bis auf drei feste Plätze osmanisch.

1671–1830/*1081–1246* Regime der Deys (*dayi*) in Algier.

1672–1676/*1083–1087* Türkisch-polnischer Krieg. König Johann III. Sobieski von Polen muß nach wechselvollen Kämpfen (1676 Niederlage bei Zurawno) Podolien und die Ukraine den Osmanen überlassen: Das Osmanische Reich wird unmittelbarer Nachbar Rußlands.

1676–1683/*1086–1095* Qara Mustafā (Schwager von Ahmed Köprülü) osmanischer Großwesir.

1677–1681 / *1087–1092* Türkisch-russischer Krieg. Im Frieden von Radzin (1681) fällt Kiev an Rußland.

1683–1699 / *1094–1111* Türkisch-österreichischer Krieg. Zweite vergebliche Belagerung von Wien durch Qara Mustafā 1683 endet mit der Niederlage am Kahlenberge. 1684 Gründung der Heiligen Allianz Österreichs mit Polen, Venedig und dem Papst, 1687 auch Rußland gegen die Osmanen.

1684 / *1095* *Tod des Evliyā Chelebi, Verfasser eines bedeutenden Reiseberichtes über das Osmanische Reich und seine Nachbarländer in Europa und im Vorderen Orient.*

1686 / *1098* Österreich erobert Ofen.

1687 / *1099* Die Osmanen werden bei Mohács geschlagen und verlieren Ungarn. Nach einer Meuterei der Janitscharen wird Sultan Mehmed IV. abgesetzt.

1687–1691 / *1099–1102* Süleymān II. osmanischer Sultan.

1688 / *1099* Die Österreicher nehmen Belgrad ein.

1689 / *1101* Niederlage der Osmanen bei Nisch. Mustafā Köprülü wird Großwesir und betreibt die Reorganisation der meuternden Armee und der Finanzen.

1690 / *1101* Nisch und Belgrad von den Osmanen zurückerobert.

1691 / *1102* Mustafā Köprülü fällt in der Schlacht von Szalankamen.

1691–1695 / *1102–1106* Ahmed II. osmanischer Sultan.

1694 / *1105* Gründung der Compagnie d'Afrique, nordafrikanische Land- und Handelskonzessionen an Frankreich.

1694–1722 / *1105–1135* Husain, der letzte unabhängige Safawiden-Shāh in Iran, ist gefährdet durch interne Konflikte, russische und türkische Interessen und die Erhebung einer anti-schiitischen Autonomie in Afghanistan.

1695–1703 / *1106–1115* Mustafā II., osmanischer Sultan.

1696/*1107* Peter der Große nimmt Azov ein.

1697/*1108* Entscheidende Niederlage der Osmanen gegen ein kaiserliches Heer unter Prinz Eugen von Savoyen bei Zenta an der Theiß.

1699/*1110* Der Vertrag von Karlowitz besiegelt die erste bedeutende diplomatische Niederlage der Osmanen: Ungarn, Siebenbürgen, Slawonien und Kroatien fallen an Österreich; Kameniecz, Podolien, Ukraine an Polen, die Peloponnes und ein großer Teil Dalmatiens an Venedig.

1700/*1111* *Tod des Safawidenwesirs Muhammad Bāqir Majlisī, schiitischer Theologe.*

1702/*1113* Die Osmanen verlieren Azov im Friedensschluß mit Rußland.

1703/*1115* Janitscharenrevolte gegen den Sheykh-ül-Islam Feyzullāh und Sturz des Sultans Mustafā II. Sein Nachfolger Ahmed III. (1703–30).

1706–1957/*1117–1377* Die Dynastie der Husainiden-Beys in Tunis.

1707/*1118* Tod des Mogulkaisers Aurangzīb nach schweren Verlusten in zwanzigjährigem Krieg gegen die Marathas im Dekkan. Unter seinen Nachfolgern schneller Zerfall des Mogulreiches.

1710–1711/*1121–1123* Osmanisch-russischer Krieg endet mit der Niederlage Peters des Großen und Frieden am Pruth. Azov fällt an die Türkei zurück.

1711–1835/*1122–1251* Die Dynastie der Qaramānlīs herrscht in Tripolitanien.

1714–1718/*1126–1131* Osmanische Offensive gegen Venedig. Die Venezianer verlieren ihre Festungen auf der Peloponnes und die letzten Plätze auf Kreta. 1716 Eingreifen Österreichs.

1716/*1129* Prinz Eugen von Savoyen siegt über die Türken bei Peterwardein, nimmt Temesvár ein und erobert Belgrad (1717).

1718/*1130* Mit dem Frieden von Passarowitz endet die zweite große Niederlage der Osmanen gegen Habsburg: die Türkei verliert Temesvár, Nordserbien und die Kleine Walachei an Österreich.

1718–30 / *1130–1143* *Die «Tulpenära» unter Newshehirli Ibrāhīm Pasha, Großwesir des Sultans Ahmed III.: Öffnung für westlichen Kultureinfluß, Einführung der Druckerei.*
Reformen zur Stabilisierung der Staatsfinanzen.

1722 / *1135* Afghanische Revolte in Persien: Mīr Mahmūd nimmt Isfahan ein, setzt Schah Husain ab und ermordet die Safawidenprinzen. Kurzlebige afghanische Herrschaft.

1722–1723 / *1134–1136* Rußland erreicht mit der Expedition Peters des Großen gegen Derbend und Baku das Kaspische Meer. Durch Parteinahme in den iranischen Thronwirren für Tahmāsp II. (1722–32) Ansprüche auf weitere iranische Gebiete. – Die Osmanen nehmen Tiflis ein (1723).

1724 / *1137* Türkisch-russischer Vertrag über Aufteilung Nordwest-Irans. Die Türken besetzen Hamadhān und Tabris.

1727 / *1139* *Ibrāhīm Müteferriqa, osmanischer Staatsmann ungarischer Herkunft, nimmt die erste türkische Druckerpresse in Betrieb.*

1729 / 1141 Nādir, Führer des Turkmenenstammes der Afshār, vertreibt im Dienste des Safawiden Tahmāsp II. die Afghanen aus Persien, erhält die Statthalterschaft Ostpersiens mit dem Titel Sultan und eine zentrale Machtposition in Iran.

1730 / *1143* Nādir verdrängt die Türken aus Aserbaidschan (Tabris) und Kirmanschah (Hamadhān). – Ein Janitscharen-Aufstand zwingt Sultan Ahmed III. zur Abdankung. Es beginnt eine zweijährige Diktatur des Janitscharen-Führers Patrona Khalīl.

1730–1754 / *1143–1168* Sultan Mahmūd I. Der französische Renegat Claude-Alexandre Bonneval reorganisiert Verwaltung und Armee.

1736 / *1148* Nādir zwingt nach Bündnis mit Rußland (1735) das Osmanische Reich zur Rückgabe der Kaukasusländer Georgien, Schirwan und Armenien. Nach dem Tod des letzten Safawiden läßt sich Nādir zum Schah von Persien (1736–47) proklamieren.

1736–1747 / *1148–1160* Nādir-Shāh Herrscher Irans, unterwirft Afghanistan (1738) und führt Feldzüge gegen Indien (1738–39), Turkestan (1740) und Dagestan (1741–42). Er bemüht sich um Ausgleich zwischen sunnitischem und schiitischem Islam durch eine Reform der schiitischen Imamatslehre. 1743–1746 führt er einen Krieg mit dem Osmanischen Reich um die Anerkennung der gemäßigten Schia als orthodoxer Rechtsschule.

1736–1739 / *1148–1152* Krieg der Osmanen gegen Österreich und Rußland. Im Frieden von Belgrad gewinnt die Türkei Nordserbien mit Belgrad und die Seeherrschaft über das Schwarze Meer zurück; Rußland erhält Asov.

1738–1739 / *1150–1152* Nādir-Shāh fällt in Indien ein und plündert Delhi. Der Mogulkaiser Muhammad muß Provinzen nördlich und westlich des Indus abtreten.

1746 / *1159* Muhammad ibn ʿAbdalwahhāb (1703–91), Begründer der fundamentalistischen Reformbewegung der Wahhābīya, beginnt im Bündnis mit dem arabischen Stammesführer Muhammad ibn Saʿūd in Darʿīya (Najd/Zentralarabien) die militante Verbreitung seiner Lehre in Arabien.

1747 / *1160* Nādir-Shāh wird von Afshār- und Qājāren-Führern ermordet. Das Reich zerfällt in Kämpfen zwischen zahlreichen Prätendenten. – Ahmad-Shāh Durrānī errichtet eine mächtige Autonomie in Afghanistan und betreibt deren Expansion nach Ostiran und Indien.

1747–1831 / *1159–1247* Regime der Mamlūken-Paschas von Bagdad.

1751–1779 / *1164–1193* Muhammad Karīm Khān Zand von Schiras, zunächst Regent des Safawiden Ismāʿīl III., wird Herrscher Irans. Eine Periode politischer und wirtschaftlicher Stabilität beginnt; Handelsbeziehungen mit England werden aufgenommen.

1754–1757 / *1168–1171* Die Regierungszeit des Osmanen Sultan ʿOthmān III. ist geprägt durch innere Unruhen und ein Regime der Intoleranz.

1757–1774 / *1171–1187* Mustafā III. osmanischer Sultan; sein Großwesir Rāghib Pasha ist tatsächlicher Herrscher. Trotz Friedensverlangen wird die Türkei in einen verhängnisvollen Krieg mit Rußland verwickelt.

1757 / *1170* Ahmad-Shāh Durrānī (1747–73) von Afghanistan plündert Delhi und Agra und dehnt sein Reich über Nordwestindien aus (Sind, Balutschistan, Pandschab und Kaschmir). – Die Engländer gewinnnen Calcutta. Durch den Sieg in der Schlacht von Plassey kommt Bengalen in britische Hand: England wird indische Territorialmacht.

1761/*1174* Freundschaftsvertrag zwischen dem Osmanischen Reich und Preußen.

1768–1774/*1183–1188* Osmanisch-russischer Krieg.

1770/*1184* Die russische Ostseeflotte zerstört die osmanische Flotte in der Schlacht bei Cheshme (vor Chios).

1774/*1187* Friede von Küchük Kaynarjï: Das Osmanische Reich verzichtet auf Hoheit über die Krimtataren bei Wahrung der Rechte des Sultans als geistliches Oberhaupt der Muslime. Zarin Katharina II. erhält Schutzrechte über die orthodoxen Christen unter osmanischer Herrschaft. Mit russischen Schiffahrtsrechten verliert die Türkei ihre Stellung im Levante-Handel. Innen- und außenpolitische Schwäche gegenüber den europäischen Großmächten.

1774–1789/*1187–1203* Sultan ʿAbdülhamīd I.

1779/*1193* Āghā Muhammad, Führer der turkmenischen Qājāren, bemächtigt sich Nordpersiens (Hauptstadt Tehran 1785); Wiederaufbau der zentralen Regierung in Iran.

1781–1782/*1196* Ahmad ibn Muhammad at-Tījānī (aus dem westalgerischen ʿAin Mādī, 1737/1159–1815/1230) stiftet den mystischen Orden der Tījānīya. Dieser breitet sich in Nord- und Westafrika aus und entwickelt eigenständige Traditionen besonders in Senegal, Niger und Nigeria.

1783/*1197* Zarin Katharina II. unterwirft die Krimtataren.

1784/*1198* Vertrag von Aynalï Kavak zwischen dem Osmanischen Reich und Rußland; die Krim fällt an Rußland. Der Anspruch des Sultans auf das Imamat über alle Muslime wird hinfällig.

1787–1792/*1201–1207* Der Osmanische Krieg gegen Rußland und Österreich wird beendet durch die Verträge von Sistowa (1791) und Jassy (1792): Die Türken verlieren das nördliche Schwarzmeerufer bis zur Dnjestr-Mündung und die Krim an Rußland.

1788–1840/*1202–1256* Bashīr Shihāb II., Emir von Libanon, kämpft für die Autonomie des Landes.

1789–1807/*1203–1222* Sultan Selīm III. leitet zweite Periode der Europäisierung ein, errichtet erste osmanische Botschaften in europäischen Hauptstädten und gründet die Nizām-ï-jedid-Armee. Widerstand der Janitscharen gegen die Neuerungen führt zur Absetzung des Sultans.

1794–1797 / *1208–1212* Āghā Muhammad ermordet den letzten Zand von Schiras (1794) und begründet die Herrschaft der Qājāren-Dynastie über ganz Persien (1794–1924). Er wird 1796 zum Schah gekrönt.

1797–1834 / *1212–1250* Fath-ʿAlī-Shāh Herrscher Irans. Persien wird zum Spannungsfeld der Expansionsinteressen Rußlands im Kaukasus und Englands in Afghanistan).

Die Entstehung der Nationalstaaten (seit Anfang 19. Jh.)

Seit der Wende zum 19. Jahrhundert setzt eine Entwicklung ein, in deren Verlauf die gesamte islamische Welt neue politische Grenzen und Strukturen erhält.
Der politische und wirtschaftliche Angriff Europas wird bestimmend für die innere Entwicklung der islamischen Völker. Napoleons Invasion nach Ägypten, 1798–1801, ist ein einprägsames Epochendatum. Zwar haben schon hundert Jahre zuvor der Rückzug der Osmanen vor ihren europäischen Gegnern und der Zerfall des imperialen Staatswesens begonnen; nun aber weckt die Begegnung mit Europa Kräfte des Nationalbewußtseins im Innern der islamischen Welt: Zugleich mit den Freiheitskriegen auf dem Balkan beginnt die Rückkehr Ägyptens zu staatlicher Autonomie.
Die geistige Konfrontation mit dem säkularisierten und technisch überlegenen Europa führt zur Selbstbesinnung der Muslime. Islamische Reformer zeigen, daß Entwicklung und Fortschritt aus den Grundlagen des Glaubens zu gewinnen und im Geiste des Islams geboten seien. Sie beginnen ferner, den europäischen Begriff der Nation in einem islamischen Sinne zu interpretieren. Die traditionellen Juristen rechtfertigten den Anspruch der Sultane auf Herrschaft über die Gläubigen (auf das Kalifat) aus Notwendigkeit; der Begriff nationaler Identität innerhalb der Umma, der Gemeinschaft der Gläubigen, war ihnen fremd. Mit der Aneignung der Idee der Nation wird die Forderung nach Widerstand gegen ungerechte Herrschaft laut, hörbar vor allem in der Auflehnung gegenüber der osmanischen Oppression unter den Arabern, die sich – auch über Grenzen verbunden durch die Sprache des Korans – als *umma ʿarabīya,* «arabisches Volk», zu verstehen beginnen.
Die im Widerstand gegen die osmanische Herrschaft geweckten Kräfte des Nationalismus richten sich endlich seit dem Ende des 19. Jahrhunderts allent-

halben – in der arabischen Welt, in Iran wie auch unter den Türken – gegen den europäischen Kolonialismus und Imperialismus. Ihr Erfolg, die Gründung souveräner Staaten seit dem Ende des Ersten Weltkrieg, geht einher mit der Säkularisierung des öffentlichen, zusehends auch des privaten Lebens.

1798–1801 / *1213–1216* Die französische Expedition unter Napoleon Bonaparte nach Ägypten betreibt nach der militärischen Eroberung auch die wissenschaftliche Erforschung des Landes. – Osmanisches Bündnis mit England und Rußland.

1799–1801 / *1214–1216* Ein osmanisches Expeditionskorps unter Muhammad ʿAlī zwingt die Franzosen zum Verlassen Ägyptens.

1800 / *1214* Die englischen East India Company (Gesandter Sir John Malcolm) schließt einen Vertrag mit Fath-ʿAlī-Shāh von Iran gegen Afghanistan und Frankreich.

1801 / *1215* Die Wahhābiten überfallen und plündern das schiitische Heiligtum Kerbela im Irak.

1801–1805 / *1215–1220* Machtkampf zwischen dem osmanischen Gouverneur, den Mamlūken und der albanischen Brigade Muhammad ʿAlīs nach dem Abzug der Franzosen aus Ägypten.

1802 / *1216* Ägypten fällt im Vertrag von Amiens an das Osmanische Reich zurück.

1803–1806 / *1218–1221* Die Wahhābiten unter Saʿūd ibn ʿAbdalʿazīz erobern den Hijāz (Medina 1804, Mekka 1806) und beherrschen bis zur Unterdrückung durch ägyptische Truppen (1812–1818) weite Teile Arabiens.

1804–1806 / *1218–1221* Erster serbischer Aufstand unter Karadjordje (Karageorgios); 1805 eigene Verfassung für Serbien.

1804–1813 / *1218–1229* Iranisch-russischer Krieg im Kaukasus.

1805–1848 / *1220–1264* Muhammad ʿAlī erringt die Herrschaft über Ägypten und wird vom Sultan als Statthalter des Landes anerkannt (1806–1848, ab 1840 als erblicher Herrscher selbständig). Er führt Ägypten auf den Weg zur nationalen Unabhängigkeit, betreibt umfassende Heeres-, Land- und Steuerreformen und organisiert Bemühungen um den Aufbau eines modernen Bildungswesens und einer modernen Industrie.

1806–1812 / *1220–1226* Osmanisch-russischer Krieg, beendet durch den Vertrag von Bukarest.

1807 / *1221* Eine englische Flottenintervention wird vor Konstantinopel abgewiesen, ein Landungskorps bei Alexandria geschlagen. – Der Vertrag von Finkenstein zwischen Frankreich und Iran richtet sich gegen die Hegemonialpolitik Rußlands und Englands. Der französische General Gardanne wird zur Neuorganisation und Ausbildung der Armee in Iran entsandt.

1807–1808 / *1222–1223* Sultan Mustafā IV. regiert nach der Ermordung Selīms III., wird jedoch von Anhängern Selīms gestürzt.

1808–1839 / *1223–1255* Sultan Maḥmūd II. betreibt Reformen unter dem Einfluß westeuropäischer Ideen, Neuordnung der Staatsverwaltung und der Armee. Beseitigung des Janitscharenkorps (1826).

1811 / *1226* Muhammad ʿAlī liquidiert das ägyptische Mamlūkenkorps und läßt die Mamlūkenführer ermorden. Armee und Verwaltung werden nach französischem Vorbild neugeordnet. Monopolwirtschaft und die Konfiskation von Großgrundbesitz und Stiftungsgütern (1816) sollen die Staatsfinanzen konsolidieren.

1811–1818 / *1226–1233* Muhammad ʿAlīs führt Feldzüge nach Arabien gegen die Wahhābiten. Seine Söhne Ṭūsūn und (1816–18) Ibrāhīm beseitigen die wahhābitische Macht der Āl Saʿūd auf der arabischen Halbinsel. Der Hijāz und die Küste am Roten Meer geraten unter ägyptischen Einfluß.

1812 / *1226* Osmanisch-russischer Friede von Bukarest. Erneute Besetzung Serbiens durch die Türkei.

1813 / *1228* Iranisch-russischer Friede von Gulistān: Iran tritt die Kaukasus-Provinzen (Dagestan, Georgien, Derbend, Schirwan) an Rußland ab.

1814 / *1229* Iranisch-britisches Abkommen; Konsolidierung des englischen Einflusses.

1815–1817 / *1230–1233* Nach dem zweiten serbischen Aufstand unter Miloš Obrenovič wird dieser (1817) als oberster Knez des Pashaliks Belgrad anerkannt.

1817 / *1232* Verbot der Piraterie in Marokko.

1818 / *1233* Die ägyptische Armee unter Ibrāhīm Pasha nimmt Darʿīya: Ende des ersten Wahhābiten-Reiches der Āl Saʿūd.
Import europäischer Maschinen nach Ägypten. Einrichtung von Ausbildungsstätten für Medizin, Ingenieurwissenschaften und Chemie, von Militär- und Marineakademien.

1820 / *1235* Britischer Vertrag mit den Scheichtümern am Persischen Golf.

1820–1822 / *1235–1238* Muhammad ʿAlī von Ägypten erobert den Ostsudan (1823 Gründung von Khartūm).

1821 / *1236* *Errichtung der ägyptischen Staatsdruckerei in Kairo-Būlāq.*

1821–1829 / *1237–1244* Der griechische Unabhängigkeitskrieg gegen die Osmanen. Philhellenische Bewegung in Europa.

1824–1827 / *1239–1243* Muhammad ʿAlī greift als Feldherr des Sultans in den griechischen Freiheitskrieg ein. Sein Sohn Ibrāhīm führt einen Feldzug auf die Peloponnes; Besetzung Kretas. 1827 Kapitulation der Akropolis.

1826 / *1241* Nach Meuterei gegen die Armeereform Mahmūds II. werden die Janitscharen blutig liquidiert. Der ihnen nahestehende Bektāshī-Ordens wird abgeschafft.

1826–1828 / *1241–1244* Russisch-persischer Krieg im Kaukasus. Im Frieden von Turkomanchai (1826) tritt Iran Eriwan und Nakhchiwān an Rußland ab und muß hohe Kriegsentschädigungen zahlen: «Kapitulationen» (Extraterritorialrechte) für russische Vertreter in Iran.

1827 / *1244* Eine englisch-französisch-russische Allianz unterstützt den griechischen Befreiungskrieg gegen die Osmanen. Die ägyptische Flotte wird in der Seeschlacht bei Navarino vernichtet.

1828 / *1243* Rußland dringt um das Kaspische Meer nach Zentralasien vor.
Erscheinen der ersten arabischen Zeitung, des ägyptischen Regierungsorgans al-Waqāʾiʿ al-Misrīya.

1829 / *1244* Londoner Protokoll der europäischen Großmächte über die Unabhängigkeit Griechenlands. Russische Eroberung von Adrianopel (Edirne). Im Frieden von Adrianopel gibt Rußland seine Eroberungen in der europäischen Türkei auf. Osmanische Anerkennung des Londoner Protokolls.

1830 / *1245* Die Franzosen besetzen Algerien.

1831 / *1246* Mahmūd II. erobert Bagdad zurück und hebt das Pashalik der Mamlūken auf.

1831–1832 / *1246–1248* Die ägyptische Armee unter Ibrāhīm Pasha erobert Syrien. Der Qājāren-Prinz ʿAbbās Mīrzā erobert Chorasan.

1832 / *1247* *Erscheinen der ersten osmanischen Zeitung, Taqvīm-i veqāyiʿ (Staatsanzeiger).*

1832–1833 / *1248* Eine ägyptische Invasion in Anatolien endet mit dem Sieg bei Konya (1832). Die russische Intervention zugunsten des Sultans löst die erste internationale Nahost-Krise aus und veranlaßt diplomatische Gegenzüge Englands und Frankreichs. Im Abkommen von Kütahya tritt der Sultan Syrien mit Adana an Muhammad ʿAlī ab.

1832–1847 / *1247–1264* ʿAbdalqādir Emir von Algerien führt den Unabhängigkeitskrieg gegen Frankreich.

1833 / *1248* Beistandspakt von Hunkar Iskelesi zwischen Osmanen und Russen. Die Türkei tritt Syrien und Adana an Ägypten ab. – Gründung der Sanūsīya-Bruderschaft in der Cyrenaika.

1834–1848 / *1250–1264* Der Qājāre Muhammad Schah von Persien. Iran erwirkt den Abzug der britischen Militärmission. Ein militärischer Einsatz gegen Afghanistan schlägt wegen britischen Drucks fehl. – Religiöse Unruhen durch Bewegung des «Bāb» (1844–1850).

1834–1859 / *1249–1276* Murīden-Kriege in Dāghistān unter Imām Shāmil gegen die russische Eroberung des Kaukasus.

1835 / *1250* ʿAbdalqādir schlägt die Franzosen an der Macta. Rückeroberung von Tripolitanien.

1837–1838 / *1252–1254* Die persische Belagerung von Herāt wird auf britischen Druck hin aufgehoben. – Muhammad ʿAlī erweitert die Herrschaft Ägyptens in Arabien (bis zum Persischen Golf) und im Sudan.

1838 / *1253* Der Vertrag von Jalta-Liman zwischen der Türkei und Großbritannien erreicht Vorzugszölle für englische Produkte.

1839 / *1254* England besetzt Aden als Maßnahme gegen die ägyptische Expansion in Arabien. Der osmanisch-ägyptische Krieg löst die zweite Nahost-Krise aus: Eine osmanische Invasion in Syrien endet mit Niederlage in der Schlacht von Nasībīn. Die Briten besetzen Kābul und Kandahar (bis 1842), um der russischen Expansion zuvorzukommen.

1839–1861 / *1255–1277* Sultan ʿAbdülmejīd. Sein Großwesir Reshīd Pasha betreibt die Fortsetzung und Ausweitung der Politik der Reformen (Tanzīmāt-Periode). 1839 *khatt-i sherīf* von Gülkhāne: Garantie von Grundrechten, Abschaffung von Lehen und Steuerpacht, Bildung der ersten Legislative (1854, 1861).

1840 / *1255* Der Vertrag von London beendet Nahost-Krise. Der Friedensvorschlag wird von Muhammad ʿAlī abgelehnt. Nach der Niederlage der ägyptischen Marine gegen England muß Ägypten den Vertrag von Jalta-Liman durchführen und die Schutzzölle aufheben. Der Industrialisierungsversuch scheitert. Die europäischen Mächte intervenieren zugunsten des Sultans und zwingen Ägypten zum Rückzug aus Syrien.

1841 / *1256* Muhammad ʿAlī wird die erbliche Vizekönigschaft über Ägypten gewährt; er wird bei Anerkennung der osmanischen Oberhoheit faktisch selbständig.

1842 / *1257* Drusen-Revolte im Libanon, Neuaufbau des Landes. – Aufstand des Emirs Dōst Muhammad von Kābul vertreibt die Briten aus Afghanistan.

1843 / *1258* ʿAbdalqādir, der Emir von Algerien, agitiert in Marokko für den Aufstand gegen Frankreich.

1847 / *1263* Der Aufstand ʿAbdalqādirs scheitert in Algerien. ʿAbdalqādir wird in Marokko gefangengenommen (stirbt 1883 im Exil).

1848 / *1264* Regentschaft Ibrāhīm Pashas in Ägypten; Tod Ibrāhīms und Muhammad ʿAlīs im selben Jahr.

1848–1850 / *1264–1267* Erhebungen der Anhänger des «Bāb» Saiyid ʿAlī Muhammad, der seit 1844 als Empfänger göttlicher Offenbarungen auftritt, in Persien. Der Bāb wird gefangengenommen und 1850 hingerichtet.

1848–1854 / *1264–1270* Abbās Hilmī Vizekönig Ägyptens. Anti-westliche Strömung gegen Modernisierung des Landes.

1848–1896 / *1264–1313* Nāsiraddīn-Shāh in Iran, orientiert sich nach Europa. Der Großemir Mīrzā Taqī Khān bemüht sich um wirtschaftliche und technische Modernisierung (1848–51).

1849 / *1265* Die Wahhābiten unter Faisal (Āl Sa'ūd) vertreiben den letzten ägyptischen Gouverneur von der Arabischen Halbinsel.

1850–1860 / *1266–1277* Den ägyptischen Fellachen wird das Erbrecht an ihrem Land zuerkannt.

1852 / *1268* Attentat von Anhängern des Bāb auf Nāsiraddīn-Shāh. Verfolgung und Massenhinrichtungen unter den Bābis. – Die erste ägyptische Eisenbahn.

1853–1856 / *1269–1273* Der Krimkrieg, veranlaßt durch europäische Rivalitäten um den Schutz der christlichen Minderheiten im Osmanischen Reich, wird durch den Vertrag von Paris (1856) beendet.

1854 / *1270* Der Rat der *Tanzīmāt* wird erstes osmanisches Gesetzgebungsorgan.

1854–1863 / *1270–1280* Sa'īd Vizekönig von Ägypten; nimmt erste europäische Darlehen zur Sanierung der Staatswirtschaft in Anspruch.

1856 / *1272* *Khatt-i humāyūn:* Dekret zur Bestätigung und Ausweitung der osmanischen Reformen, garantiert Glaubensfreiheit und Rechte der christlichen Untertanen und erwirkt Justiz- und Steuerreformen. – Friede von Paris zur Beendigung des Krimkrieges: Anerkennung der territorialen Integrität der Türkei, Neutralisierung des Schwarzen Meeres, Aufhebung des russischen Protektorats über die Donaufürstentümer.

1856–1857 / *1272–1274* Iranisch-britischer Krieg als Folge der iranischen Eroberung Herāts, beendet durch Vertrag von Paris: Iran räumt Afghanistan und erkennt die Unabhängigkeit des Landes an. Afghanistan wird Pufferstaat zwischen Rußland und Indien.

1857 / *1273* Verfassung für Tunesien.

1858 / *1274* Osmanisches Landgesetz. – Gründung der Suez-Kanal-Gesellschaft (1854 Konzession an Fernand de Lesseps) mit englischem und französischem Kapital.

1859/*1275* Baubeginn des Suez-Kanals. – Fehlschlagen des *Qūleli waqʿasī*, des konservativen Versuches, die osmanischen Reformen zu beenden.
Tod des marokkanischen Sūfī Muhammad ibn ʿAlī as-Sanūsī, Stifter des mystischen Ordens der Sānūsiyya. Seine Bewegung war zunächst in Nordafrika, dann in der Cyrainaika bedeutend und breitete sich über die Sahara nach Zentralafrika aus.

1860/*1276* In Syrien und Libanon erheben sich reaktionäre Umtriebe gegen die osmanischen Reformen des *khatt-i humāyūn*. Es kommt zu einer Christenverfolgung in Damaskus. – Marokko unterliegt im Krieg gegen Spanien.

1860–1861/*1276–1278* Durch die Drusen-Revolte kommt es zum Bürgerkrieg und zu einem Massaker an maronitischen Christen im Libanon; Frankreich interveniert zu deren Schutz. 1861 Etablierung der autonomen Provinz Mont Liban; das «règlement organique» legt einen Konfessionsproporz der politischen Repräsentation fest.

1861/*1277* Schaffung des *Mejlis-i ahkām-ï ʿadliyye*, der neuen osmanischen gesetzgebenden Körperschaft.

1861–1876/*1277–1293* Sultan ʿAbdülʿazīz; Weiterführung der Tanzīmāt-Reformen (Gesetzgebung, Unterrichtswesen); finanzieller Bankrott des Reiches durch hohe Verschuldung in Europa (1874).

1862/*1278* Der Sultan erkennt die 1859 vollzogene Vereinigung der Moldau mit der Walachei an: Entstehung Rumäniens (1866 selbständig).

1863/*1279* Bahāʾallāh, Schüler des Bāb, tritt im Irak als Manifestation des göttlichen Willens auf; Begründung der Religionsgemeinschaft der Bahāʾīs. Von 1868 bis zu seinem Tode 1892 wird er auf Anordnung der osmanischen Regierung mit seinen Anhängern ins Exil nach Akka (Palästina) verbannt.

1863–1879/*1280–96* Der Vizekönig Ismāʿīl in Ägypten (1866 Titel *Khidīw*). Seine expansive Außenpolitik am Roten Meer und im Sudan und kostspielige Reformen zur Europäisierung des Landes führen zu hoher Auslandsverschuldung. Aufschwung des Baumwollhandels während des amerikanischen Bürgerkrieges.

1864/*1280* Großbritannien erhält Konzession für den Ausbau des Telegraphenwesens in Iran. – Das *vilayet*-Gesetz reformiert das osmanische Provinzialsystem.

1865/*1281* Gründung des Oppositionsbundes der jungen Osmanen unter der Leitung von Nāmïq Kemal, Ziyā' Pasha und 'Alī Su'āvī, der eine Ideologie des osmanischen Patriotismus und Konstitutionalismus und des islamischen Modernismus vertritt, aktiv bis 1870.

1866/*1282* *Gründung der Amerikanischen Universität in Beirut durch protestantische Missionare; «Renaissance»* (nahda) *der arabischen Literatur bei den syrischen Christen, gefördert durch Butrus Bustānī und Nāsif al-Yāzijī.*

1866–1868/*1282–1285* Aufstand auf Kreta von den Osmanen unterdrückt.

1867/*1283* 'Abdül'azīz bereist als erster Sultan Europa. Die Osmanen räumen serbische Festungen.

1868/*1284* Schaffung des osmanischen Staatsrates *(Shūrā-yï devlet),* einer modernen repräsentativen Legislative.

1868–1869/*1284–1286* Ausarbeitung der *Mejelle,* eines osmanischen Bürgerlichen Gesetzbuches.

1869/*1285* Eröffnung des Suez-Kanals.

1869–1871/*1285–1288* Reformversuch Midhat Pashas im Irak.

1870/*1286* Algerien wird der französischen Zivilverwaltung eingegliedert. Muhammad Ahmad ibn 'Abdallāh tritt im Sudan als erster «Mahdī» mit dem Programm einer fundamentalistischen Reform des Islams auf.

1871/*1287* Tod Muhammad Muqranīs im antikolonialen Aufstand der Kabylen-Berber in Algerien.

1871–1879/*1287–1297* Der persische Religionsphilosoph und Reformer Jamāladdīn al-Afghānī, Begründer des panislamischen Modernismus, in Kairo; beeinflußt die wachsende Opposition ägyptischer Nationalisten und Konstitutionalisten gegen den Khidīw und gegen ausländische Kontrolle des Landes. Unter seinen Schülern sind Muhammad 'Abduh und Sa'd Zaghlūl.

1872/*1288* Der englische Baron Julius de Reuter erhält von Schah Nāsiraddīn umfassende Konzession zur wirtschaftlichen Erschließung und Ausbeutung Irans. Nach Entlassung des Reformpolitikers Mīrzā Husain Khān 1873 werden die Konzessionen annulliert.

1873/*1289* *Schah Nāsiraddīn geht auf Europareise (weitere Reisen 1887, 1889) und verfaßt durch schlichten Stil einflußreiche Reiseberichte.*

1873–1877/*1289–1295* Khairaddīn Pasha Großwesir von Tunesien, begründet seine Maßnahmen zur Reform der Verwaltung, zur Sanierung des Staatshaushaltes und zur Modernisierung von Bildungs- und Erziehungswesen in einflußreichen Programmschriften.

1873–1894/*1289–1312* Sultan al-Hasan von Marokko.

1874/*1290* Der finanzielle Zusammenbruch des Osmanischen Reiches führt zur Gründung der *Düyūnu ʿUmūmīye* («Allgemeine Schuldenkommission»), eines Kontrollkonsortiums der europäischen Gläubigerstaaten. In der Folge plant Midhat Pasha ein Komplott gegen Sultan ʿAbdülʿazīz.

1875/*1291* Ägypten führt gemischte, scharia-rechtliche und bürgerliche Gerichtshöfe ein. Der Bankrott der ägyptischen Staatsfinanzen führt zum Verkauf der Suezkanal-Aktien an England (Premier Benjamin Disraeli); mit der Bildung einer internationalen Schuldenverwaltung (1876) steigt der englische Einfluß in Kairo.

1875–1876/*1291–1293* Aufstände gegen die osmanische Herrschaft in Bosnien und der Herzegowina, 1876 in Bulgarien. 1876 Kriegserklärung Serbiens und Montenegros an das Osmanische Reich, türkische Besetzung Serbiens. Waffenstillstand unter russischem Druck.

1876/*1293* Durch eine Palastrevolution unter Führung von Midhat Pasha wird Sultan ʿAbdülʿazīz gestürzt (darauf ermordet), der neue Sultan, Murād V., wegen Geisteskrankheit kurz nach Amtsübernahme abgesetzt. 1876–1909 Sultan ʿAbdülhamīd II.

1876/*1293* Midhat Pasha proklamiert Verfassung des Osmanischen Reiches: Unteilbarkeit des Reiches, Freiheit und Gleichberechtigung aller Untertanen, parlamentarische Regierung.

1877/*1293* Das osmanische Parlament wird nach kurzer Sitzung vertagt. Sultan ʿAbdülhamīd setzt die Verfassung außer Kraft und kehrt zur absolutistischen Regierungsform zurück. Verfolgung der politischen Opposition. Midhat Pasha wird entlassen (1883 im Exil ermordet).

1877–1878/*1293–1296* Im russisch-türkischen Krieg siegt Rußland in der Schlacht um Plevna und den Šipka-Paß. Die Russen besetzen Adrianopel. Im

Frieden von San Stefano werden Montenegro, Serbien und Rumänien de iure unabhängig, Bulgarien autonom. Rußland erhält Gebiete in Ostanatolien und Transkaukasien. England erhält Zypern für geheime Beistandszusage an die Türkei gegen Rußland.

1878 / *1295* Der Berliner Kongreß bestätigt die Abmachungen von San Stefano. Österreich erhält Besatzungsrecht für Bosnien und die Herzegowina. Osmanische Restgebiete auf dem Balkan bleiben Krisenherde. – Durch die Schaffung der Kosakenbrigade unter dem Kommando russischer Offiziere als Truppenteil der iranischen Armee wird der russische Einfluß in Iran gestärkt. – Zweiter afghanisch-britischer Krieg (bis 1881).

1879 / *1296* Zugeständnisse des Khidīw Ismāʿīl an die nationalistische Opposition gegen ausländische Wirtschaftskontrolle. Ismāʿīl wird unter Druck der europäischen Mächte durch den Sultan abgesetzt, Taufīq sein Nachfolger (1879–92). Erneute Bestellung und erweiterte Vollmachten der europäischen Finanzaufsicht. Ausweisung Jamāladdīn al-Afghānīs aus Ägypten.

1881–1882 / *1298–1300* Aufstand der Offiziersopposition Ägyptens unter Ahmad ʿUrābī Pasha, unterstützt durch Konstitutionalisten und Anhänger Afghānīs, erzwingt nationalistisches Kabinett. Volksaufstände führen zur Besetzung durch England (1882): Ägypten kommt unter britische Herrschaft. – Der «Mahdī» Muhammad Ahmad ibn ʿAbdallāh ruft zum Heiligen Krieg gegen die ägyptische Herrschaft im Sudan auf; erste militärische Erfolge.

1881–1883 / *1298–1301* Französische Besetzung Tunesiens (1881); durch den Vertrag von Bardo (1881) und die Konvention von La Marsa (1883) wird Tunesien französisches Protektorat.

1882–1907 / *1299–1325* Lord Cromer britischer Prokonsul in Ägypten. Wirtschaftliche Expansion und Stabilisierung; Steigerung der Baumwollproduktion; starkes Bevölkerungswachstum. Abschaffung der Fronarbeit.

1883 / *1300* Der Mahdī erobert ʿUbaid und kontrolliert nach Vernichtung der anglo-ägyptischen Armee den Ostsudan.

1884 / *1301* *Jamāladdīn al-Afghānī und Muhammad ʿAbduh publizieren in Paris die arabische Zeitschrift* al-ʿUrwa al-wuthqā *für ihr Programm islamischer Erneuerung, gegen die britische Kolonialpolitik.*

1885 / *1302* Die Mahdisten erobern Khartūm; Niederlage ägyptischer Truppen unter dem englischen Gouverneur Charles George Gordon, Tod Gordons.

Tod des Mahdī als Herrscher des Sudan in Khartūm. Nachfolger («Kalif») des Mahdī wird ʿAbdallāh Abū Bakr; Expansion gegen Abessinien.

1885–1888 / *1302–1306* Aufstände in Ostrumelien; Anschlußbewegung an Bulgarien. Weiterhin Unruhen und Terrorakte in den osmanischen Balkanprovinzen.

1888 / *1305* Die Mahdisten führen Krieg gegen Abessinien, zerstören Gondar, unterwerfen die Äquatorial-Provinz.

1889 / *1306* Die Mahdisten schlagen Abessinier bei Gallabat; Kaiser Johannes fällt. – Studenten der medizinischen Militärakademie in Istanbul gründen erste Organisation der liberalen Oppositionsbewegung der «Jungtürken». Nach mißglücktem Umsturzversuch (1892) Agitation im europäischen Exil.

1890–1897 / *1307–1315* Armenische Revolutionsbewegung. Massaker von osmanischen Beamten durch aufständische Gruppen.

1891 / *1308* Masqat und Oman unter britischem Schutz. – Jamāladdīn al-Afghānī wird aus Iran nach der Türkei abgeschoben, agitiert im Exil gegen Schah Nāsiraddīn.

1891–1892 / *1308–1310* Die Tabakrevolte in Iran: Protest einer religiös-radikalen Allianz unter Führung der schiitischen *ulamāʾ* gegen ausländisches Tabakmonopol (Konzession von 1890) und Ausverkauf Irans an die Europäer. Die Kündigung der Konzession (1892) belastet Iran mit hoher Auslandsschuld. Der russische Einfluß wächst auf Kosten des britischen.

1892–1914 / *1309–1333* ʿAbbās Hilmī II. Vizekönig von Ägypten.

1892 / *1309* Midhats Refomen im Irak werden aufgegeben.
Muhammad ʿAbduh, bedeutendster ägyptischer Schüler von al-Afghānī, wirkt an der Hochschule der Azhar-Moschee in Kairo (1892–1905), ab 1899 auch als Mufti von Ägypten, für liberale Reformen im Geist des islamischen Modernismus. Der Romancier Jurjī Zaidān (1861–1914) gründet mit anderen libanesischen Christen in Kairo die einflußreiche literarische Zeitschrift al-Hilāl.

1894 / *1311* Blutige Unterdrückung armenischer Aufstände mit Hilfe von kurdischen irregulären Truppen; Armeniermassaker erregen öffentliche Meinung in Europa.

1894–1907 / *1311–1325* Sultan ʿAbdalʿazīz von Marokko.

1896–1897 / *1313–1315* Griechisch-türkischer Krieg um Kreta. Nach türkischen Erfolgen Friedensschluß unter Druck der Großmächte. 1898 erhält Kreta Autonomie unter griechischem Gouverneur (1908 Union mit Griechenland).

1896 / *1313* Shāh Nāsiraddīn wird von einem Anhänger Jamāladdīn al-Afghānīs ermordet.

1896–1907 / *1313–1324* Shāh Muzaffaraddīn Herrscher Irans; gegenüber schwacher Regierung weiteres Vordringen russischer und britischer Interessen, Konflikt um Kontrolle Irans durch wirtschaftliche Konzessionen an das Ausland.

1898 / *1315* Britisch-ägyptische Truppen unter General Kitchener besiegen die Aufständischen der Mahdīya-Bewegung bei Umm Durman.
*Muhammad Rashīd Ridā, Schüler Muhammad ʿAbduhs, gründet in Kairo die Wochenzeitschrift al-Manār zur Verbreitung seiner und ʿAbduhs Gedanken einer modernistischen Reform des Islams unter Berufung auf die «Vorväter» des Urislams (*salaf*, daher Salafīya).*

1899 / *1316* Britisch-ägyptisches Kondominium über den Sudan.

1900–1908 / *1317–1326* Bau der Hijāz-Bahn nach Mekka als panislamisches Projekt.

1901 / *1318* Entdeckung größerer Erdöllagerstätten in Persien, Beginn der Erdölwirtschaft im Nahen Osten.

1902 / *1319* Neugründung der saudischen Monarchie in Riyād.

1905 / *1322* Armeniermassaker in der Osttürkei.

1905–1906 / *1322–1324* Revolution in Iran gegen den ausländischen Einfluß und die unfähige Qājāren-Regierung. Entlassung des Premierministers ʿAinaddaula (1903–06); Wahlen für eine beratende Nationalversammlung *(Majlis-i Shūrāy-i Millī)*. Der erste Majlis tritt in Teheran zusammen und entwirft eine parlamentarische Verfassung.

1905–1911 / *1322–1330* Verfassungsbewegung in Persien.

1905–1911 / *1322–1330* Teilung Bengalens provoziert eine Trennung der politischen Öffentlichkeit in Indien zwischen Muslimen und Hindus.

1906 / *1323* Verkündung der iranischen Verfassung. – England erzwingt Abtretung der Sinai-Halbinsel an Ägypten. – Gründung der Muslim League in Indien.

1906–1907 / *1323–1325* Die Dinshawāy-Affäre um Übergriffe britischer Offiziere in Ägypten weckt Aktivität nationalistischer Widerstandsbewegungen; Gründung von Mustafā Kāmils Nationalpartei und Lutfī as-Saiyids Umma-Partei. Rücktritt Cromers.

1907 / *1324* Die Umsturzbewegung der «Osmanischen Freiheits-Gesellschaft» *(ʿOsmānlï Hürrīyet Jemʿīyeti)* vereinigt sich in Saloniki mit Exilgruppen der Jungtürken zum «Komitee für Einheit und Fortschritt» *(Ittihād ve Teraqqī Jemʿīyeti)*. – Britisch-russische Entente über Aufteilung Irans in Interessensphären: Britischer Einfluß im Gebiet des Persischen Golfs und im Südosten, russisches Interessengebiet im nördlichen und zentralen Iran, ein neutrales Gebiet im Südwesten bleibt offen für Konzessionen an beide Mächte. – Französische Besetzung von Casablanca nach der ersten Marokko-Konferenz.

1908 / *1325* Der autokratische Schah Muhammad ʿAlī (1907–09), gestützt von der Kosakenbrigade, löst den Majlis auf und läßt Führer der nationalistischen Opposition hinrichten. Aufstand der Opposition in Aserbaidschan (Tabris). – Jungtürkischer Aufstand unter Führung des «Komitees für Einheit und Fortschritt», unterstützt von revoltierenden Regierungstruppen. Proklamation der konstitutionellen Verfassung in Saloniki (Enver Pasha). Sultan ʿAbdülhamīd II. setzt die Verfassung von 1876 wieder in Kraft; Neuwahl des Parlaments mit jungtürkischer Mehrheit. Ziyāʾ Gök-Alp formuliert das grundlegende Konzept des türkischen Nationalismus. Bulgarien erklärt seine Unabhängigkeit vom Osmanischen Reich; Österreich annektiert Bosnien und die Herzegowina.

1908–1909 / *1325–1327* Bürgerkrieg in Iran: Russische Truppen besetzen Tabris; Bahtiyaren und Revolutionäre aus Aserbaidschan nehmen Isfahan und Gilan und marschieren gegen Teheran. Flucht des Schahs nach Rußland.

1909 / *1327* Fehlschlag des konservativen Gegenputsches in Istanbul. Sultan ʿAbdülhamīd wird abgesetzt, Mehmed V. (1909–1918) konstitutioneller Sultan. Liberale Verfassungsreform.

1909–1925 / *1327–1342* Ahmad-Shāh Qājār regiert unter Kontrolle der Konstitutionalisten in Iran.

1909 / *1326* Gründung der Anglo-Persian Oil Company, Konzession zur Ausbeutung der südpersischen Erdölvorkommen. Spannung zwischen englischen und russischen Erdölinteressen.

1911 / *1329* Der Amerikaner Morgan Shuster übernimmt in Iran die Reorganisation der persischen Finanzen im Auftrag des Majlis. Rußland erzwingt die Bildung einer pro-russischen Regierung und Entlassung Shusters. – Gründung der «Islam-Gesellschaft» (*Sarekat Islam*) durch muslimische Kaufleute und der salafitischen «Gesellschaft zur religiösen Rechtleitung» (*Jamʿīyat al-irshjād ad-dīnī*), 1912/1330 der Vereinigung *Muhammadīya* auf Java.

1911–1912 / *1329–1331* Osmanisch-italienischer Krieg um Tripolis; Italien erobert Libyen, Verzicht der Türkei im Frieden von Lausanne.

1911–1917 / *1329–1336* Persien faktisch unter britischer und russischer Protektoratsverwaltung.

1912 / *1331* Unabhängigkeit Albaniens.

1912–1913 / *1330–1332* Erster Balkan-Krieg. Die Osmanen verlieren Adrianopel und Saloniki. – Französische und spanische Protektorate in Marokko. 1912–1925 Marschall Lyautey wird Gouverneur von Marokko.

1913 / *1331* Die Jungtürken geraten durch einen Staatsstreich an die Macht; das pro-deutsche Triumvirat von Enver Pasha, Mehmed Talʿat und Ahmed Jemāl führt das Reich in den Ersten Weltkrieg. Im zweiten Balkankrieg Serbiens, Griechenlands und Rumäniens gegen Bulgarien gewinnt Enver Adrianopel zurück; Friedensverträge von Konstantinopel (1913) und Athen (1914).

1914–1918 / *1332–1337* Erster Weltkrieg.

1914 / *1332* Die Türkei tritt auf Seiten der Mittelmächte in den Krieg ein. Kämpfe an vier Fronten: Suezkanal, Mesopotamien und Persien, Kaukasus, Dardanellen. Ägypten wird zur Sicherung des Suezkanals zum britischen Protektorat erklärt.

1914–1917 / *1332–1336* Iran sucht Neutralität, wird von britischen und russischen Truppen in Kämpfen gegen die Türkei besetzt; die Regierungsgewalt wird auf Teheran beschränkt.

1915 / *1333* Völkermord an den Armeniern durch türkische Truppen.

1916 / *1334* Im Sykes-Picot-Abkommen zur Abgrenzung englischer und französischer Interessen im Nahen Osten wird die Errichtung eines unabhängigen arabischen Staates unter europäischer Kontrolle beschlossen.

1916–1918 / *1334–1337* Revolte auf der arabischen Halbinsel gegen das Osmanische Reich unter dem Scharifen Husain von Mekka, mit Unterstützung der Briten (T. E. Lawrence).

1917 / *1335–1336* Die Osmanen werden von den Briten in Mesopotamien geschlagen und ziehen sich aus dem Irak zurück. Bekanntwerden der britisch-französischen Pläne zur Aufteilung des Fruchtbaren Halbmonds. – Deklaration des englischen Außenministers Balfour über die Errichtung einer «nationalen Heimstatt» der Juden in Palästina. – Nach der bolschewistischen Revolution russischer Rückzug aus Iran.

1917–1924 / *1335–1343* Konflikte zwischen nationalistischen und sozialistischen Parteiungen in Zentralasien. Die *basmachi* in Turkestan erheben sich unter der Führung des Naqshbandīya-Ordens gegen die Sowjetisierung Zentralasiens.

1918 / *1336* Eine britische Militärmission organisiert den Kaukasus gegen das bolschewistische Rußland und zur Sicherung des englischen Einflusses in Iran. Front gegen türkische Invasion (Aserbaidschan-Kirmanschah) und gegen deutschen Angriff aus der Ukraine. – Lawrence erobert Damaskus. Die türkische Palästinafront bricht zusammen. Absetzung und Flucht der Jungtürkenführer. Waffenstillstand von Mudros: Demobilisierung der Türkei, Öffnung der Meerengen, danach Besetzung von Istanbul und Teilen Anatoliens durch die Alliierten. – Unabhängigkeit des Jemen; Konstitution als Königreich. Kurzlebige Republik Tripolitanien. – Ägyptische Delegation *(wafd)* unter Saʿd Zaghlūl legt Unabhängigkeitsforderungen vor. Beginn der Wafd-Bewegung in Ägypten (1919 Gründung der Wafd-Partei).

1918–1920 / *1336–1339* Arabische Herrschaft in Damaskus, 1920 als hāshimitische Monarchie.

1918–1922 / *1336–1341* Mehmed VI. Wahīdüddīn, letzter osmanischer Sultan.

1919 / *1337* Saʿd Zaghlūl, Führer der Wafd-Partei für nationale Unabhängigkeit Ägyptens, von den britischen Behörden verhaftet; Volksaufstand, von den Besatzungstruppen niedergeschlagen. – Erklärung des türkischen Nationalpakts. – Iranisch-britischer Vertrag zum Ausbau der englischen Stellung nach Bestechung iranischer Minister unterzeichnet. – Dritter Afghanisch-Britischer Krieg.

1919–1922 / *1337–1341* Nach griechischer Invasion in Anatolien sammeln sich die nationalistischen Streitkräfte unter Mustafā Kemāl (Atatürk); türkischer Unabhängigkeitskrieg gegen die Alliierten.

1919–1925 / *1337–1344* Kalifatsbewegung in Indien.

1920 / *1338* Die syrische Nationalversammlung proklamiert das unabhängige Königreich Syrien unter Faisal, Sohn des Scharifen Husain. Die Völkerbunds-Konferenz von San Remo erklärt Syrien und Libanon zu französischem Mandatsgebiet; Frankreich besetzt Damaskus und stürzt die Regierung Faisal. Der Hijāz erhält Unabhängigkeit. Das Staatsgebiet des Mont Liban wird von der französischen Mandatsmacht durch Angliederung der Küstenstädte (u. a. Beirut) zum Grand Liban erweitert. – Die Bolschewiken besetzen den Rest von Iran. Die Sowjetrepublik Gilan wird proklamiert; die Briten ziehen sich nach Qazwīn zurück. – Bedingungen des Vertrags von Sèvres von der Regierung in Istanbul unterzeichnet; von Mustafā Kemāl nicht anerkannt, durch den griechisch-türkischen Krieg hinfällig. Endgültige Unabhängigkeit Albaniens.

1921 / *1339* Der Irak wird konstitutionelle Monarchie unter dem Hāshimiten Faisal ibn Husain; «Bündnisvertrag» wahrt britische Ziele. – In der Schlacht am Sakarya werfen die Türken die griechische Invasion zurück. Die türkische Nationalversammlung verkündet in Ankara das Grundgesetz. – Staatsstreich Ridā Khāns, Offizier der Kosakenbrigade, in Iran. Neue nationale Regierung. 1921–25 Unterwerfung der Stammesautonomien (Bakhtiyāren und südpersische Stämme, von England unterstützt) und Festigung der Militärherrschaft.

1921–1926 / *1339–1345* Rīf-Krieg in Spanisch-Marokko: Die Unabhängigkeitsbewegung unter ʿAbdalkarīm wird von Frankreich unterworfen.

1922 / *1340* In der Konferenz von Mudanya stimmen die Alliierten der Räumung Anatoliens zu. Die Türken schaffen das Sultanat ab; Mehmed VI. flieht aus Istanbul; ʿAbdülmejīd wird zum Kalifen ohne weltliche Macht ernannt. – Großbritannien verkündet die Bildung eines unabhängigen Königreiches Ägypten mit Ahmad Fu'ād I. als König unter britischer Kontrolle.

1922–1932 / *1340–1351* Endgültige Eroberung Libyens durch Italien.

1923 / *1341* Verkündung der ägyptischen Verfassung. – Friedensvertrag von Lausanne: Türkei verzichtet auf nichttürkische Territorien, erhält Ostthrazien um Edirne, Kontrolle über Istanbul mit den Meerengen, Souveränität über Anatolien. Proklamation der türkischen Republik; Mustafā Kemāl Präsident. – Transjordanien von England als autonomer Staat unter britischer Mandatsherrschaft anerkannt (Hauptstadt Amman). – Ridā Khān wird Premierminister in Iran; der Schah geht nach Europa. – Spektakuläre Trennung der albanischen Muslime von der Autorität des osmanischen Shaikh-al-Islām und vom Kalifat.

1924 / *1342–1343* ʿAbdalʿazīz Ibn Saʿūd bringt den Hijāz mit Mekka unter wahhābitische Herrschaft. – Abschaffung des Kalifats in der Türkei; Ende des Osmanenhauses. Zivile Gerichtshöfe anstelle der Scharia-Gerichtshöfe.

1925 / *1343* Ende der Qājāren-Dynastie; Ridā Khān zum Schah proklamiert. Drusische Revolte in Syrien.

1926 / *1344* Ibn Saʿūd proklamiert sich selbst nach dem Sturz des Sharīfen Husain (1925) zum König des Hijāz. Unabhängigkeit 1927 von England anerkannt. – Proklamation der Republik Libanon unter französischem Mandat. Verfassung regelt Konfessionsproporz. – Gründung der algerischen Étoile Nord Africaine.
Gründung der indonesischen Gelehrtenorganisation Nahdat al-'ulamā. – *Der ägyptische Literat und Literaturwissenschaftler Tāhā Husain (1889–1973, Studium in Frankreich 1915–1917, ägyptischer Erziehungsminister 1950–1952) veröffentlicht unter dem Einfluß historisch-kritischer Methoden sein Buch «Über die vorislamische Poesie» (*Fī sh-shiʿr al-jāhilī*). Seine Zweifel an deren Echtheit, und damit an der auf sie gestützten Koraninterpretation trifft auf scharfe Kritik islamischer Gelehrtenkreise.*

1927–1931 / *1345–1350* Krieg zwischen saudischen Regierungstruppen und rebellischen Stämmen *(Ikhwān)*. – Niederschlagung separatistischer Bewegungen im Hijāz.

1928 / *1346* Abschaffung des Islams als Staatsreligion in der Türkei und Trennung von religiösen und politischen Institutionen.
Einführung des lateinischen anstelle des arabischen Alphabets für die türkische Sprache.
Gründung der ägyptischen «Muslimbruderschaft» (*al-Ikhwān al-Muslimūn*) und der «Gesellschaft der muslimischen Jugend» durch Hasan al-Bannā'

(geb. 1906/1324, ermordet 1949/1368) in Ismāʿilīya. Seit 1928–1930 Beginn der Bewegung der Neo-Salafīya. Gegenüber der (seit etwa 1884 sogenannten) Salafīya, der traditionistischen, an den *salaf* des Urislams orientierten Bewegung islamischer Gelehrter, beginnt hier die öffentliche Artikulation einer von den Religionsgelehrten unabhängigen Bewegung zur Erneuerung der Gesellschaft aus den Wurzeln des Islams. – Albanien wird nach dreijähriger republikanischer Verfassung Königreich.

1928–1934 / *1346–1353* Weltwirtschaftskrise.

1929 / *1347* Militante Auseinandersetzungen zwischen jüdischen Kolonisten und arabischen Parteien in Palästina.

1931 / *1349* Verkündigung des *Dahir berbère* in Marokko: Die französischen Kolonialbehörden betreiben die Segregation zwischen Berbern und Arabern. – Allgemeiner islamischer Kongreß in Jerusalem. – Die letzten Widerstandsgruppen in Libyen unterliegen gegen die italienische Militärmacht.

1932 / *1350* Unabhängigkeit des Irak und Aufnahme in den Völkerbund. Die Türkei tritt dem Völkerbund bei. – Ausrufung des saudi-arabischen Königreichs.

1934 / *1352* Abschluß der «*pacification*» in Marokko. Beginn der marokkanischen Nationalbewegung. – Gründung der tunesischen Neo-Destūr-Partei.

1936 / *1354* Ende der englischen Militärbesatzung in Ägypten (ausgenommen die Kanalzone).

1936–1939 / *1354–1358* Streikbewegung und Revolten in Palästina.

1937 / 1355 Aufnahme Ägyptens in den Völkerbund.

1938 / *1356* Scheitern der französischen Assimilationsprogramme in Algerien.

1939 / *1358* Ausbruch des Zweiten Weltkriegs. Italienische Besetzung Albaniens.

1941 / *1359* Formelle Aufhebung des britisch-französischen Mandats und Ausrufung der Republik Syrien. – Verkündung der «Atlantik-Charta». – Abū-l-ʿAlāʾ Maudūdī 1903/1321–1979–1399) gründet in Lahore (Nordindien) die «Islamische Gemeinschaft» *(Jamāʿat-i islāmī)* und ergreift eine führende Rolle im islamischen Fundamentalismus Indiens und der Gründung Pakistans als eines islamischen Staates (1947).

1942–1945 / *1360–1365* Japanische Besetzung von Indonesien.

1943 / *1362* Unabhängigkeit des Libanon. Ein «Nationalpakt» regelt die Verteilung der Machtpositionen v. a. zwischen maronitischen Christen und sunnitischen Muslimen. – Unter japanischer Hoheit Gründung des Konsultativrats der indonesischen Muslime (*Madjlis Sjuro Muslimin Indonesia,* Abk. *Masjumi*).

Islamische Staaten und politischer Islam seit 1945

Gegenüber einer stürmischen Entwicklung von Wirtschaft und Technik, krassen sozialen Unterschieden und politischen Gegensätzen innerhalb der islamischen Welt droht die idealisierte Einheit der Religion und der religiösen Kultur zur Fiktion zu werden.
Gegenüber Bewegungen und Organisationen des islamischen Internationalismus tritt die Instrumentalisierung des Islams für nationale und arabisch-nationalistische Ziele. Die islamische Öffentlichkeit entwickelt zunächst – v. a. in Ägypten, Palästina, Iran, Pakistan – ein politisches Profil und vermittelt nationalistische, republikanische und sozialistische Ideen als islamische Programme; seit der Mitte der fünfziger Jahre wird sie von autoritären Regimen zusehends unterdrückt.
Gegenüber panislamischen Ideologien erstarkt zunächst der territoriale Nationalismus der in die Unabhängigkeit tretenden Staaten, sowohl der muslimische Nationalismus Pakistans als auch – geführt von Nassers Ägypten und von den Baʿth-Parteien Syriens und des Irak – ein arabischer Nationalismus mit supranationalem Anspruch. Indessen werden seit dem letzten Drittel des 20. Jahrhunderts regionale Gruppeninteressen und Widerstandsbewegungen in wachsendem Maße als islamische definiert. Der *jihād*, zeitweilig als Heiliger Krieg für die Sache der Nation umgemünzt, wird aufs neue als Glaubenskrieg für die Konstitution und Erhaltung des islamischen Staates ausgerufen: der *Umma Muhammadīya* unter dem offenbarten Gesetz (*sharīʿa*).
Die Bewegungen des politischen Islams in der jüngsten Vergangenheit sind eine Reaktion auf vielfältige soziale, wirtschaftliche und machtpolitische Entwicklungen in globalem Ausmaß. Hinter den gemeinsamen Schlagworten – zurück zu den islamischen Grundlagen von Staat und Gesellschaft – steht eine Vielzahl von Vorstellungen und Programmen. Sie richten sich gegen Fremdbestimmung und kulturelle Überfremdung durch den «Westen», erhe-

ben aber ihren Definitions- und Machtanspruch in Wahrheit gegenüber den konkurrierenden Ideologen und Institutionen des Islams selbst.

1945 / *1364* Syrien und Libanon treten dem Völkerbund bei. – Gründung der Arabischen Liga: Ägypten, Syrien, Libanon, Transjordanien, Irak, Saudi-Arabien und Jemen.

1946 / *1365* Syrien (14. April) und Jordanien (22. Mai) werden als unabhängig anerkannt. Rückzug der französischen und britischen Truppen. Proklamation des Königreiches Transjordanien. – 17. August: Indonesien wird unabhängig.

1947 / *1366* Gründung des Staates Pakistan und der Indischen Union als Nachfolgestaaten des Vizekönigtums Britisch-Indien.

1947–1957 / *1366–1377* «Liberale Dekade» in der islamischen Welt: Die islamische Öffentlichkeit entwickelt – v. a. in Ägypten, Palästina, Iran, Pakistan – ein politisches Profil und vermittelt nationalistische, republikanische und sozialistische Ideen als islamische Programme.

1948 / *1367* Ende des britischen Palästinamandats; die Vereinten Nationen billigen die Teilung des Landes und die Errichtung des jüdischen Staates Israel. Arabisch-israelischer Krieg.

1949 / *1368* Ermordung des Führers der ägyptischen Muslimbruderschaft (*al-Ikhwān al-Muslimūn*), Hasan al-Bannā'.

1949–1961 / *1368–1381* *Dār-al-islām*-Bewegung in verschiedenen Teilen Indonesiens.

1950 / *1369* Nach der Annexion eines Teiles von Palästina wird Jordanien in Hāshimitisches Königreich Jordanien umbenannt.

1951 / *1371* 24. Dezember: Das Königreich Libyen wird von Italien unabhängig.

1951–1953 / *1370–1372* Nationalistische Regierung in Persien, Restauration der Herrschaft der Pahlawī-Dynastie.

1952 / *1371* Ägyptische Revolution: Der Putsch der «Freien Offiziere» unter Oberst ʿAbd-an-Nāsir (Nasser) und General Najīb stürzt den König Fārūq (1936–52).

1953 / *1372* Ägypten wird zur Republik erklärt.

1954 / *1373* Tunesien erhält Autonomiestatus gegenüber der Kolonialmacht Frankreich. Beginn des algerischen Befreiungskampfes gegen Frankreich.

1954–1962 / *1374–1381* Algerien-Krieg: Die Algerische Befreiungsfront (FLN) kämpft gegen die Kolonialhoheit Frankreichs.

1955 / *1374–1399* Gründung des Bagdad-Pakts durch den Irak und die Türkei mit dem Ziel politischer und militärischer Zusammenarbeit. Großbritannien tritt am 30. März bei; Pakistan und Iran schließen sich an (aufgelöst 1979/1399).

1956 / *1375* 2. März: Königreich Marokko unter Muhammad V. (1927–1961) wird von Frankreich unabhängig. – 20. März: Tunesien wird von Frankreich unabhängig, 1957 Republik. Präsident wird Habīb Bū-Rqība (Bourguiba). Die Sozialistische Destūr-Partei (Parti Socialiste Destourien, PSD) wird einzige Regierungspartei.

1956 / *1376* Die Verstaatlichung und Sperrung des Suez-Kanals durch Ägypten führt zur Suezkrise: England und Frankreich lassen Truppen landen. Israel beginnt den Suezkrieg mit dem Einmarsch in der Sinai-Halbinsel und dem Gaza-Streifen.

1957 / *1376* Gründung der Palästinensischen Unabhängigkeitsbewegung *al-Fath* (ab 1959 offizielle Partei).

1957–1967 / *1376–1387* Arabischer Kalter Krieg.

1958 / *1378* Revolution im Irak unter ʿAbdalkarīm Qāsim, Sturz der Monarchie, Proklamation der Republik.

1958 / *1377* Ägypten und Syrien vereinigen sich zur Vereinigten Arabischen Republik; sie scheitert 1961/1381 am Führungsanspruch Ägyptens.

1958–1964 / *1378–1384* Militärdiktatur des Generals Ibrāhīm ʿAbbūd im Sudan (Unabhängigkeit 1955).

1958–1969 / *1378–1389* Militärdiktatur des Generals Muhammad Aiyūb Khān in Pakistan.

1959–1965 / *1378–1385* Nach Machtkampf und Ausschaltung der islamischen Regionalisten (Verbot des *Masjumi*) autoritäre Herrschaft Ahmad Sokarnos in Indonesien.

1960 / *1379* Militärputsch in der Türkei. – Gründung der Organisation of Oil-Exporting Countries (OPEC) unter Führung Saudi-Arabiens.

1960–1971 / *1379–1391* Unabhängigkeit der meisten islamischen Länder in Afrika südlich der Sahara.

1961 / *1381* Unabhängigkeit von Kuwait. – Abzug der letzten französischen Truppen aus Tunesien. – Syrien verläßt den Staatenbund mit Ägypten (Vereinigte Arabische Republik, VAR) und proklamiert die Arabische Republik Syrien unter Führung der Baʿth-Partei. Politiker aus der Religionsgemeinschaft der ʿAlawiten (Nusairer) treten in Konflikt mit den sunnitisch-islamischen Institutionen.

1962 / *1381* Gründung der «Islamischen Weltliga» (*Rābitat al-ʿĀlam al-Islāmī*).

1962 / *1382* 3. Juli: Proklamation der Unabhängigkeit Algeriens. Verfassung für Marokko. – Proklamation der Arabischen Republik Jemen (Nordjemen) nach dem Sturz der Monarchie.

1963 / *1383* Revolte unter Beteiligung der schiitischen *ʿulamāʾ* gegen die Herrschaft von Muhammad Ridā Shāh in Iran. – Gründung von Malaysia nach Beitritt von Sabah und Sarawak zur malaiischen Föderation.

1964 / *1383* Palästinenser gründen die Palästinensische Befreiungsorganisation (Palestine Liberation Organisation, PLO) unter Führung von Yāsir ʿArafāt. – Sturz der arabischen Herrschaft auf Sansibar.

1965 / *1385* Massive Verfolgung der Muslimbruderschaft *(al-Ikhwān al-Muslimūn)* in Ägypten. Saiyid Qutb (geb. 1906/1324), ihr einflußreichster Ideologe und Vertreter einer fundamental-islamischen Sozialordnung, wird hingerichtet. – Die Malediven werden unabhängig.

1965–1967 / *1385–1386* Bürgerkrieg in Indonesien.

1967 / *1387* Proklamation der Volksrepublik Südjemen (seit 1970 Volksdemokratische Republik Jemen). – Der dritte arabisch-israelische Krieg (Sechstagekrieg) endet mit der Besetzung des Gaza-Streifens durch Israel.

1967–1970 / *1387–1389* Sezession von Biafra in Nigeria.

1968 / *1388* Putsch der Baʿth-Partei im Irak.

1969 / *1389* Oberst Muʿammar al-Qadhdhāfī (Ghadafi) stürzt die Monarchie in Libyen; 1977 proklamiert er die Sozialistisch-Libysche Arabische Volks-Jamahirīya.

1969–1971 / *1389–1391* Gründung der Organisation der islamischen Konferenz (*Munazzamat al-Muʾtamar al-Islāmī*) auf einer Gipfelkonferenz islamischer Staaten in Rabat.

1969–1985 / *1389–1405* Militärherrschaft im Sudan.

1970 / *1390* Sultan Qābūs entmachtet seinen Vater und leitet umfassende Reformen in Oman ein. – PLO-Abzug aus Jordanien.

1971 / *1390* Der ʿAlawit Hāfiz al-Asad wird Präsident der Arabischen Republik Syrien.

1971 / *1391* Gründung der Vereinigten Arabischen Emirate, Unabhängigkeit von Qatar und Bahrain. – Sezession von Ostpakistan, indisch-pakistanischer Krieg.

1972 / *1391* Waffenstillstand im Sudan.

1972–75 / *1391–1395* Aufstand in Oman.

1972–1982 / *1391–1403* Erster Höhepunkt der Migrationsbewegung nach Europa und in die Golf-Staaten. Erhebliche Zunahme der muslimischen Bevölkerung in westeuropäischen Staaten.

1973 / *1393* Vierter arabisch-israelischer Krieg.

1974 / *1394* Türkische Besetzung von Nord-Zypern. Beginn der Restauration der islamischen Öffentlichkeit.

1975–1991 / *1395–1412* Bürgerkrieg in Libanon.

1976 / *1396* Marokkanisch-mauretanischer Vertrag über die Aufteilung der Westsahara.

1977–1979 / *1397–1399* Militärputsch in Pakistan, Verkündung der islamischen Ordnung.

1978 / *1398* Friedensnobelpreis für den ägyptischen Staatspräsidenten Anwar as-Sādāt und Israels Ministerpräsidenten Menachem Begin.

1978–1979 / *1398–1399* Friedensverhandlungen zwischen Ägypten und Israel.

1979 / *1399* Die Revolution in Iran unter Führung des schiitischen Geistlichen Āyatallāh Rūhullāh Khomainī führt zum Sturz des Shāh Muhammad Ridā Pahlawī; Ausrufung der Islamischen Republik Iran, deren erstes geistliches Oberhaupt Khomainī wird. Islamische Revolte in Mekka, ausgelöst von iranischen Pilgern.

1979–1989 / *1400–1409* Sowjetische Besetzung von Afghanistan.

1980 / *1400* Militärputsch in der Türkei. – Revolte des Mahdī Mai Tatsine in Nord-Nigeria.

1980–1988 / *1400–1409* Iranisch-irakischer Krieg um Territorialansprüche am Persischen Golf.

1981 / *1401* Ermordung des ägyptischen Staatspräsidenten Anwar as-Sādāt durch eine islamistische Gruppe, die seine Friedenspolitik gegenüber Israel als Abfall vom Islam verurteilt; ein Umsturzversuch scheitert. – Offizielle Gründung der «Bewegung der islamischen Tendenz» in Tunesien. – Albanische Unabhängigkeitsforderungen im Kosovo.

1982 / *1402* Die Erhebung der Muslimbruderschaft (*al-Ikhwān al-Muslimūn*) in Hama (Syrien) wird von der syrischen Regierung blutig niedergeschlagen. – Beginn der Islamisierung der malaysischen Staatskultur. – Besetzung Libanons durch Israel.

1983 / *1404* Militärputsch in Nigeria.

1983–1985 / *1403–1405* Islamisierung im Sudan, Sturz der Herrschaft Numairis.

1984–1988 / *1404–1409* Vielfältige Unruhen gegen staatliche Autoritätspolitik in Nordafrika.

1986/*1407* Machtkampf in Südjemen. – Erste nationalistische Demonstrationen in Alma Ata (Kasachstan).

1987/*1407* Die islamistische «Bewegung des islamischen Widerstands» HAMĀS (*Harakat al-Muqāwama al-Islāmiyya*) beginnt ihre Aktivität als militante Organisation der Muslimbruderschaft in Palästina.

1987/*1408* Jasminrevolte in Tunesien: Zain-al-ʿĀbidīn Ben ʿAlī setzt Präsident Habīb Bū-Rqība (Bourguiba) ab und tritt seine Nachfolge an.

1988/*1408* Ausrufung des Staates Palästina. – Beginn der Bewegung des zivilen Ungehorsams in den besetzten Gebieten Palästinas *(Intifāda)*. – Erste Auseinandersetzungen zwischen Armenien und Aserbaidschan um Nagornij Karabach. – Beginn der politischen Liberalisierung in Algerien.
Der äygyptische Romancier Najīb Mahfūz erhält den Literaturnobelpreis für sein Werk, eine teils realistische, teils allegorische Analyse der ägyptischen Gesellschaft zwischen religiöser Tradition und globaler Säkularisierung.

1989/*1409* Gründung der islamischen Heilsfront in Algerien. – 3. Juni: Tod des iranischen Revolutionsführers, des Āyatullāh Rūhullāh Khomainī. Der Geistliche ʿAlī Akbar Rafsanjānī wird zum Staatspräsidenten gewählt. – Wiederaufnahme Ägyptens in die Arabische Liga. – Erste freie Wahlen in Tunesien.

1989–1991/*1409–1412* Souveränitäts- bzw. Unabhängigkeitserklärungen von 14 vorwiegend muslimischen Staaten der ehemaligen UdSSR: sechs Staaten treten der Gemeinschaft Unabhängiger Staaten (GUS) bei, sechs verbleiben in der Russischen Föderation.

1990–1996/*1410–1416* Balkankrieg nach dem Zerfall Jugoslawiens. «Ethnische Säuberungen» des serbischen Militärs unter der muslimischen Bevölkerung Bosniens führen zur Solidarisierung der islamischen Weltöffentlichkeit.

1990/*1411* Irakische Besetzung von Kuwait. – Vereinigung der zwei jemenitischen Staaten, Arabische Republik Jemen (Nordjemen) und Demokratische Volksrepublik Jemen (Südjemen).

1991/*1411* Krieg der alliierten Staaten unter Führung der USA gegen den Irak um Kuwait. – Beginn des offenen aserbaidschanisch-armenischen Krieges um Nagornij Karabach. – Erste freie Wahlen in Algerien.

1992/*1412* Bosnien-Herzegowina wird offiziell unabhängig.

1993/*1414* Oslo-Abkommen zwischen der Palästinensischen Befreiungsorganisation PLO (Yāsir ʿArafāt) und Israel (Yitzhāq Rabin).

1994–1996/*1415–1417* Erster Tschetschenienkrieg: Rußlands schlägt die islamisch orientierte Autonomiebewegung nieder.

1995/*1416* Der israelische Premierminister Yitzhāq Rabin wird bei einer Kundgebung in Tel Aviv von einem orthodox-jüdischen Gegner seiner Friedenspolitik erschossen.

1999/*1419–1420* Erste freie Wahlen in Qatar und Indonesien. – Erste Kommunalwahlen in der Islamischen Republik Iran. – Die Türkei stellt Antrag auf Beitritt zur Europäischen Gemeinschaft.

1999/*1420* Beginn des Zweiten Tschetschenienkrieges.

2000/*1421* Nach Scheitern der Camp-David-Verhandlungen beginnt die zweite *Intifāda* in den israelisch besetzten Gebieten Palästinas. Abzug der israelischen Truppen aus dem Libanon. – Jemen und Saudi-Arabien einigen sich auf Grenzverlauf (Djidda-Vertrag).

2001/*1422* Ariel Sharon wird zum Ministerpräsidenten Israels gewählt. – Erste Kommunalwahlen im Jemen. – 11. September: Islamische Selbstmordattentäter verüben Anschläge in New York und Washington im Namen islamischer Kritik an der amerikanischen Präsenz in Arabien; darauf folgt amerikanischer Angriff auf Afghanistan. Das als Organisator der Anschläge auftretende Netzwerk al-Qāʿida («Die Basis») wird zum Bezugspunkt des regionalen und globalen Terrorismus islamistischer Prägung.

2002/*1422–1423* Bahrain wird Monarchie. – Wahlen in Algerien, Marokko, Pakistan und Albanien. – Ost-Timor erhält Unabhängigkeit von Indonesien.

2003/*1424* USA greifen den Irak an und stürzen die Baʿth-Regierung Saddam Husains. – Die Iranerin Shīrīn ʿIbādī erhält den Friedensnobelpreis. – Israel errichtet einen Schutzwall gegen das Westjordanland. – Wahlen in Jordanien, Kuwait, Oman, Aserbaidschan und Tschetschenien.

2004/*1425* Tod des Palästinenserführers Yāsir Arafāt. Sein Nachfolger wird Mahmūd ʿAbbās. – Irakische Übergangsregierung nimmt die Arbeit auf. – Präsidentschaftswahlen in Afghanistan.

2005/*1425* Abzug syrischer Truppen aus dem Libanon. – Erste freie Parlamentswahlen im Irak. – Israel und Palästina vereinbaren Waffenstillstand.

2005/*1426* Räumung jüdischer Siedlungen im Gaza-Streifen. – Mahmūd Ahmadīnejād gewinnt die Präsidentschaftswahlen in der Islamischen Republik Iran und erteilt der Politik der Verständigung zwischen Iran und der westlichen Welt eine Absage.

2006/*1426* Die Widerstandsbewegung HAMĀS tritt bei den Wahlen zum Palästinensischen Autonomierat zum ersten Mal als Partei an und erreicht die absolute Mehrheit der Sitze.

Anhang

Islamische Dynastien

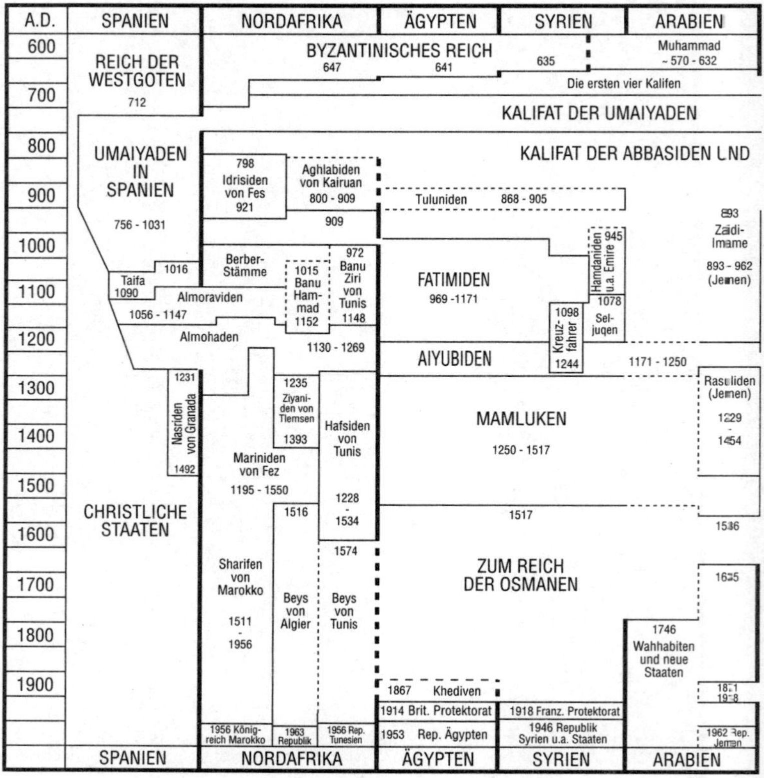

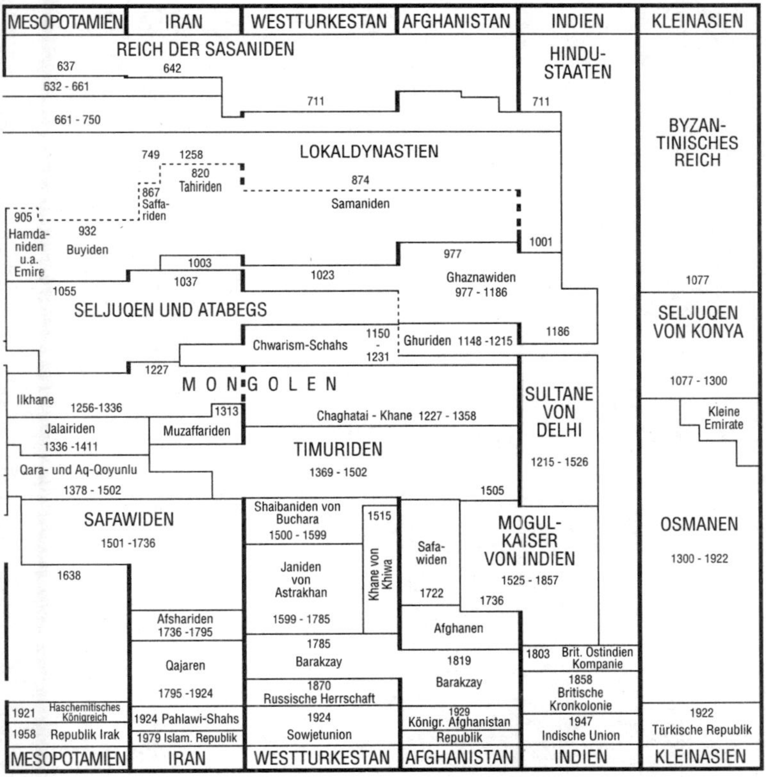
MESOPOTAMIEN
IRAN
WESTTURKESTAN
AFGHANISTAN
INDIEN
KLEINASIEN
REICH DER SASANIDEN
637
642
632 - 661
711
661 - 750
HINDU-STAATEN
711
BYZAN-TINISCHES REICH
LOKALDYNASTIEN
749
1258
820
Tahiriden
874
867
Saffa-riden
Samaniden
905
Hamda-niden u.a. Emire
932
Buyiden
1001
1003
977
1037
1023
Ghaznawiden
977 - 1186
1077
1055
SELJUQEN UND ATABEGS
SELJUQEN VON KONYA
1150 - 1231
Chwarism-Schahs
Ghuriden 1148 -1215
1186
1227
MONGOLEN
1077 - 1300
Ilkhane
1256-1336
1313
Chaghatai - Khane 1227 - 1358
SULTANE VON DELHI
Kleine Emirate
Jalairiden
1336 -1411
Muzaffariden
TIMURIDEN
1369 - 1502
1215 - 1526
Qara- und Aq-Qoyunlu
1378 - 1502
1505
SAFAWIDEN
1501 -1736
Shaibaniden von Buchara
1500 - 1599
1515
Safa-widen
MOGUL-KAISER VON INDIEN
1525 - 1857
OSMANEN
1300 - 1922
1638
Janiden von Astrakhan
1599 - 1785
Khane von Khiwa
1722
1736
Afshariden
1736 -1795
Afghanen
1785
Barakzay
1819
Barakzay
1803
Brit. Ostindien Kompanie
Qajaren
1795 -1924
1870
Russische Herrschaft
1858
Britische Kronkolonie
1921
Haschemitisches Königreich
1924 Pahlawi-Shahs
1924
Sowjetunion
1929
Königr. Afghanistan
1947
Indische Union
1922
Türkische Republik
1958
Republik Irak
1979 Islam. Republik
Republik
MESOPOTAMIEN
IRAN
WESTTURKESTAN
AFGHANISTAN
INDIEN
KLEINASIEN

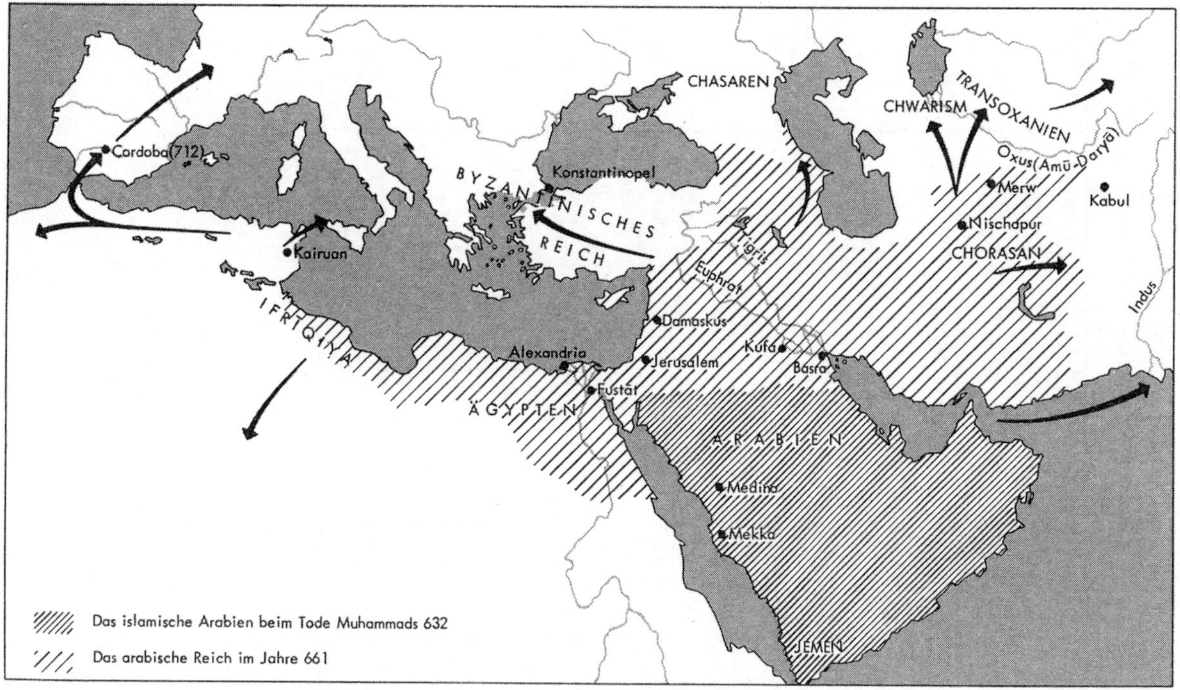

Die arabischen Eroberungen im 7. Jahrhundert

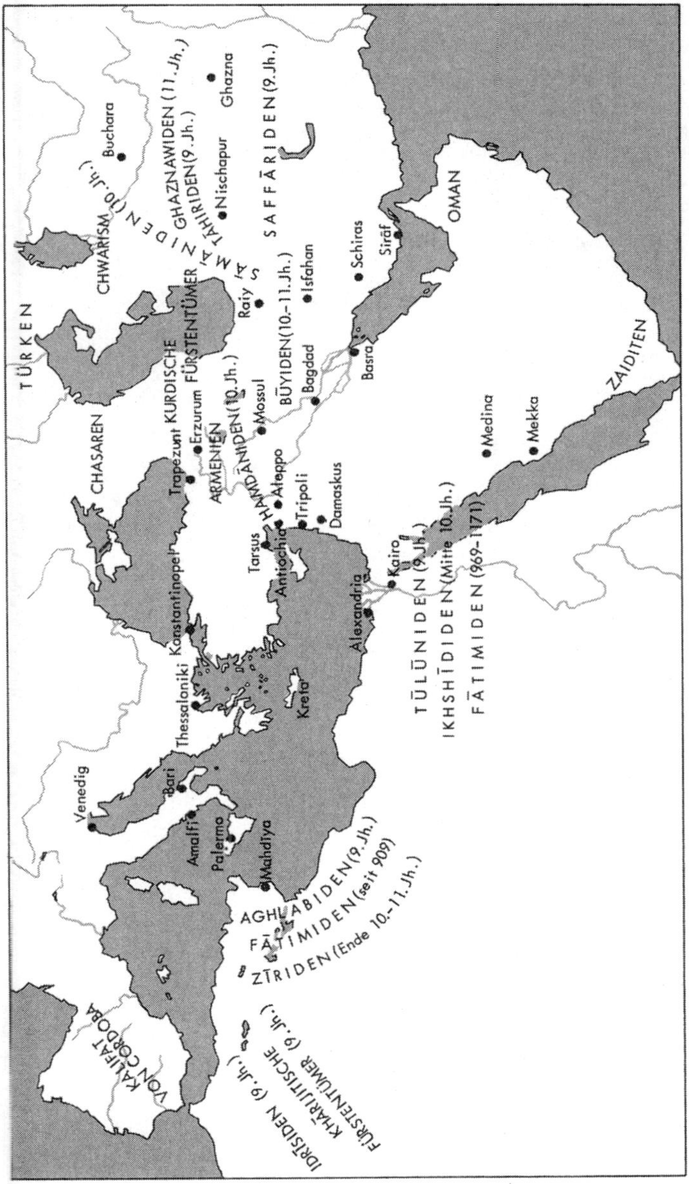

Die islamische Welt im 10. Jahrhundert

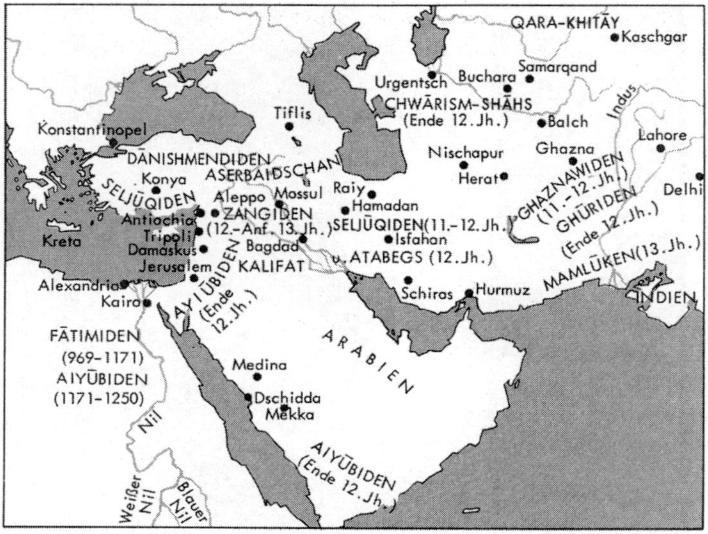

Die islamische Welt im 12. Jahrhundert

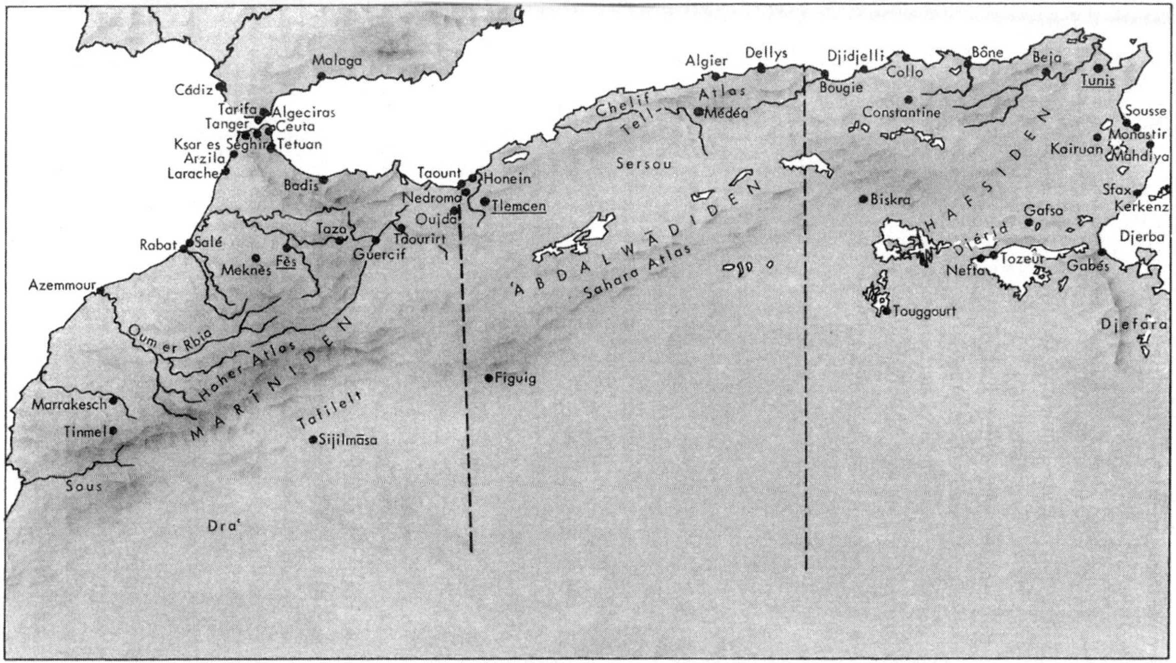

Der Magrib gegen Ende des 13. Jahrhunderts

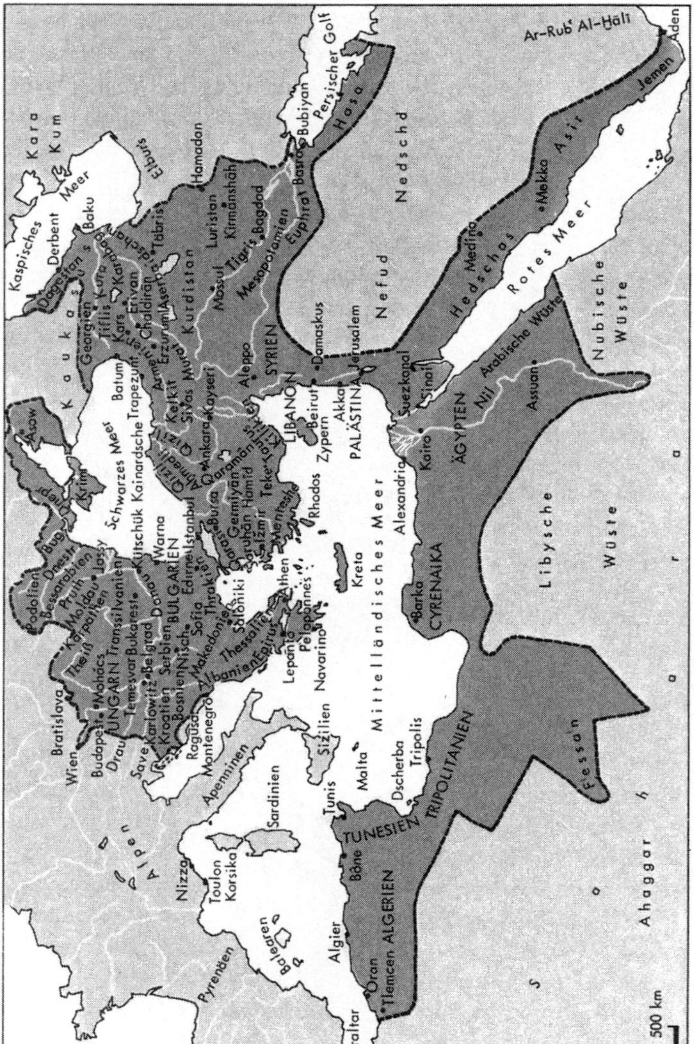

Das Osmanische Reich

Der Vordere Orient nach dem Frieden von Lausanne

Register

Das Register enthält Namen von Personen, Dynastien, ethnischen, sozialen und religiösen Gruppen sowie ausgewählte Titel, Ämter und Institutionen, außerdem geographische Bezeichnungen, die in Verbindung mit markanten Ereignissen stehen.

Islamische Kultur und Geschichte

Ralf Elger (Hrsg.)
Kleines Islam-Lexikon
Geschichte, Alltag, Kultur
4., aktualisierte und erweiterte Auflage. 2006. 351 Seiten. Paperback
Beck'sche Reihe Band 1430

Annemarie Schimmel
Das islamische Jahr
Zeiten und Feste
2. Auflage. 2002. 168 Seiten mit 12 Abbildungen. Paperback
Beck'sche Reihe Band 1441

Heinz Halm
Der Islam
Geschichte und Gegenwart
6. Auflage. 2005. 103 Seiten. Paperback
C.H. Beck Wissen in der Beck'schen Reihe Band 2145

Heinz Halm
Die Araber
Von der vorislamischen Zeit bis zur Gegenwart
2004. 128 Seiten mit 2 Karten. Paperback
C.H. Beck Wissen in der Beck'schen Reihe Band 2343

Hartmut Bobzin
Der Koran
Eine Einführung
5., durchgesehene Auflage. 2004.
128 Seiten mit 3 Abbildungen. Paperback
C.H. Beck Wissen in der Beck'schen Reihe Band 2109

Hartmut Bobzin
Mohammed
2., durchgesehene Auflage. 2002.
128 Seiten mit 1 Karte und 1 Stammbaum. Paperback
C.H. Beck Wissen in der Beck'schen Reihe Band 2144